Familien-Reiseführer

OSTSEEKÜSTE

MECKLENBURG-VORPOMMERN

COMPANIONS

Ostseeküste Mecklenburg-Vorpommern

*Im Namen von Neptun taufen
wir dich quasselnde Qualle*

Ostseeküste für Eltern und Kinder

Kinderfreundliche Strände

Zehn Touren, die allen Spaß machen

*Bussard Bernhard zeigt seine Künste im
Vogelpark Marlow (S. 88)*

Gut zu wissen

*Am Weststrand am Darßer Ort wächst
der Urwald bis ans Meer (S. 26)*

Was Sie wissen sollten

Diese Zeichen und Symbole begleiten Sie durch das ganze Buch und geben Ihnen besondere Informationen:

Die Minikarte von der Ostseeküste mit dem dicken roten, grünen und blauen Punkt zeigt Ihnen auf einen Blick, an welchem Ort sich die jeweilige Adresse befindet.

Infos zur Region oder spezielle Empfehlungen für die Eltern gibt's in den grünen Kästen.

In den orangefarbenen Kästen stehen tolle Tipps oder Geschichten für Kinder.

Regionale kulinarische Genüsse oder ein Restaurant, in dem auch Ihre Kinder auf ihre Kosten kommen, finden Sie in den blauen Kästen.

Unsere Autorin Hanne Bahra lebt als freie Autorin in Potsdam. Die Mutter zweier Töchter schrieb bereits zahlreiche Reiseführer, einige auch über Mecklenburg-Vorpommern. Mehrmals im Jahr reist sie an die Küste und kennt das Land wie ihre Westentasche. In diesem Reiseführer verrät sie etliche Geheimtipps für Familien.

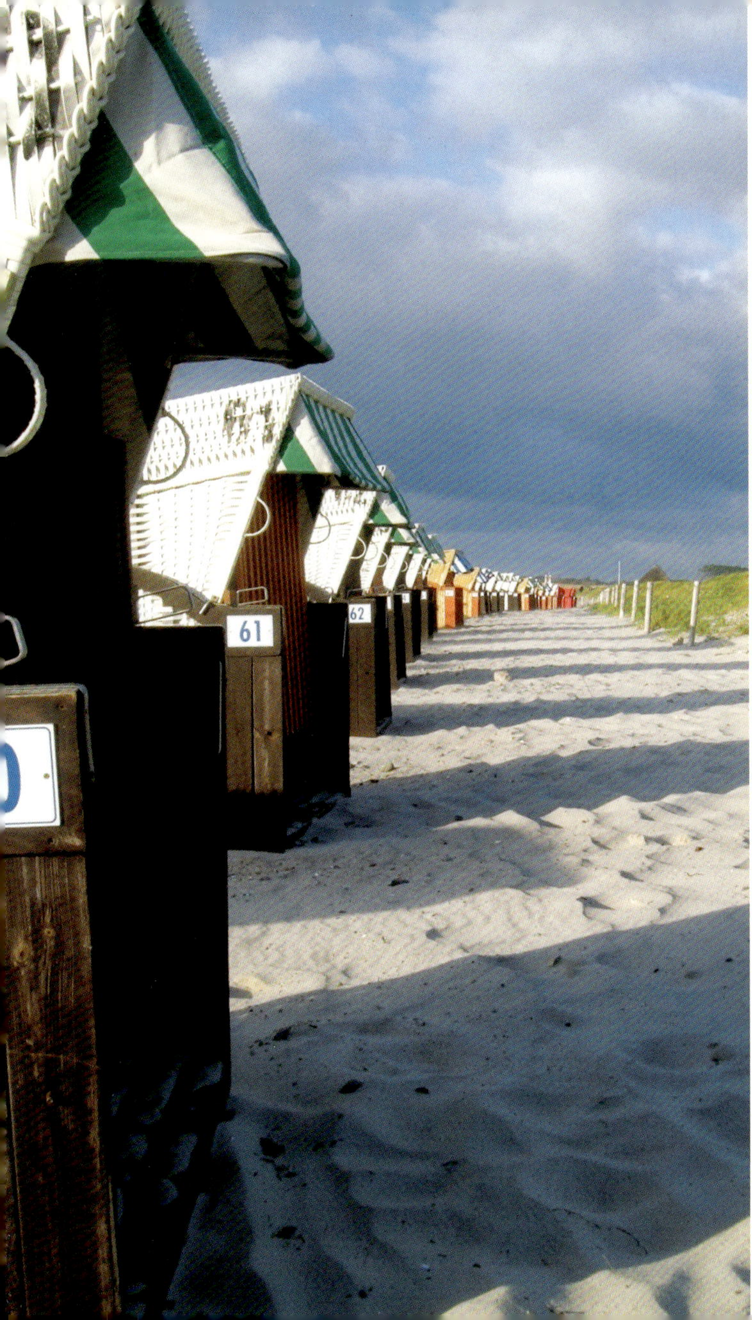

DIE OSTSEEKÜSTE FÜR ELTERN UND KINDER

Die Ostseeküste entdecken

Die schönste Zeit des Jahres hat begonnen. Raus aus der Großstadt und rein ins Ferienglück. Welches Ziel würde sich da besser eignen als das Binnenmeer im Nordosten der Republik, das bequem mit Auto oder Bahn zu erreichen ist? Seit der Jahrhundertwende beherbergt diese „Badewanne Deutschlands" Sommergäste. Heute gilt Mecklenburg-Vorpommern als das beliebteste Sommerreiseziel der Deutschen – fast elf Millionen Touristen, davon die überwiegende Mehrheit aus Deutschland, verbringen hier jährlich ihren Urlaub.

Zuckersand und Steilküste

Meist sind die Strände aus weißem Zuckersand und gleiten sanft und kinderfreundlich flach ins Wasser; manchmal bäumen sie sich auch zum meterhohen Steilufer auf. Weit reicht der Blick über das Meer, an dessen Küste sich zahlreiche Holme und Halbinseln reihen. Allein Rügen, Deutschlands größtes Eiland, ist ein filigranes Gebilde aus 22 Halb- und Nebeninseln, die sich um einen zentralen Kern, das Mutland, ranken. Ob auf Rügen und Usedom oder auf der Peninsula Fischland-Darß-Zingst – überall können Sie zwischen stillen und turbulenten Stränden wählen. Selbst die Inseln Hiddensee und Poel, eigentlich die Ruhe selbst, haben ihre geselligen Zentren. Entlang der Küste von Ahlbeck über Heiligendamm bis Boltenhagen schmückte sich um die vorletzte Jahrhundertwende so manches Fischer- und Schiffernest mit Bäderarchitektur.

Bunte Eingangstüren – hier in Wustrow – haben Tradition auf dem Fischland

Haff und Bodden

Ostseetypisch ist die Haff- und Boddenküste. Bodden sind seichte Buchten mit schmalem Zugang zum Meer. Sie entstanden vor 4.000 bis 7.000 Jahren durch das Eindringen des Meeres in die Grundmoränenlandschaft. Als Haff bezeichnet man vom Meer weitgehend abgeschnittene Buchten, in denen sich Meer- und Flusswasser mischen. So misst die Außenküste „nur" 354, die „ausgefranste" Bodden- und Haffküste hingegen 1.538 Kilometer.

Fahrradland Nummer 1

Mecklenburg-Vorpommern ist eine der beliebtesten Radfahrregionen Deutschlands. Rund 2.300 Kilometer Fernwege und 5.500 Kilometer Radrundtouren hat das Land zu bieten. Die meisten davon führen durch landschaftlich schöne Gebiete, z. B. auf dem Deich entlang. Einige davon stellen wir Ihnen im Kapitel „Zehn Touren, die allen Spaß machen" (ab S. 33) vor. Wir haben darauf geachtet, dass es Alternativen mit Bus und Bahn gibt, und auf Verleihstationen hingewiesen. Fast jede Region hat inzwischen ihre Fahrradwegekarte mit Tourenvorschlägen. Die vom Tourismusverband Mecklenburg-Vorpommern herausgegebene Broschüre „Mit dem Rad durch den Norden" stellt 68 Touren vor, mit Hinweisen zu Kartenmaterial und Beherbergungsstätten, welche die Bett-&-Bike-Bedingungen des ADFC (Allgemeiner Deutscher Fahrrad-Club) erfüllen.

Die See macht süchtig

Ob Sie im Fischerboot durch die türkisfarbenen Wellen um die Kreidefelsen von Rügen tuckern oder über den glitzernden Brandungsstreifen wandern – die See macht süchtig. Man will ihr nahe sein, egal bei welchem Wetter, und das ist ja bekanntlich nie wirklich schlecht, nur die Kleidung unangemessen. Nirgendwo sonst sind Kinder schneller zu überzeugen, einen Spaziergang zu machen. Also unbedingt auch Friesennerz und Gummistiefel einpacken. Planen Sie selbst für kurze Strandwanderstrecken genug Zeit ein, denn es gibt unendlich viele Schätze zu entdecken: bizarr geformtes Schwemmholz im Seetang, zartrosa Herz- und tiefblaue Miesmuscheln sowie Hühnergötter, durchlöcherte Feuersteine. Das restliche Frühstücksbrötchen verfüttern die Kinder sicher gern an die

Leuchtende Aussichtspunkte

14 Leuchttürme und Seezeichen gibt es an der Ostseeküste. Auf einige kann man hinaufsteigen. Der Leuchtturm Darßer Ort (S. 26) auf der Halbinsel Fischland-Darß-Zingst ist der älteste noch funktionierende an der Mecklenburger Küste. Von hier sieht man bei gutem Wetter bis nach Hiddensee, Warnemünde, zur dänischen Insel Falster und zum Kirchturm von Barth. Gleich zwei Türme gibt es am Kap Arkona (Tour 6, S. 63) auf Rügen zu besteigen und einen in Warnemünde (Tour 2, S. 42).

Gespenster

*Früher gab es über 2.000 Guts-
häuser, Burgen und Schlösser
in Mecklenburg-Vorpommern.
Etwa 1.500 sind noch erhalten, etliche dienen heute als
Museum oder Schlosshotel. Wer
Gespenster sucht und sie nicht
fürchtet, sollte das Schweriner
Schloss (S. 75) besuchen. Hier
soll es noch einen Hausgeist
geben. Ein eher böser Geist
herrscht angeblich in dem He-
xenkeller von Penzlin bei Neubrandenburg, wo im Mittelalter
als Hexen verurteilte Frauen
gefoltert wurden (S. 115).*

vorlauten Möwen. Doch Vorsicht, in
manchen Orten, z. B. Warnemünde, ist
die Vogelfütterung verboten, also lieber
vorher informieren. Spannend ist es
außerdem, wenn die Fischer am Strand
anlanden und ihren Fang gleich vom
Kutter aus zum Kauf anbieten. Eine gute
Gelegenheit, mit echten Mecklenburgern
und Vorpommern ins Gespräch zu kommen. Glauben Sie nicht das Gerücht von
der angeblichen Maulfaulheit der Einheimischen. Hier ist alles nur eine Frage der
Zeit. Zeit haben und Zeit lassen ist eine
der besten norddeutschen Tugenden. Das
erste Wort ist meistens „Tjä", meist auch
noch das zweite, doch dann entpuppt
sich der Norddeutsche oft als ausgespro-
chen auskunftsfreudig und gastfreund-
lich. Redet er einmal, ist seine Sprache
herzhaft direkt. Selbst Grobheiten hören
sich eher neckend an. Wer will nicht lieber ein „Dösbaddel" als ein Dummkopf

sein? Keine Sorge: Sie müssen vor Antritt
der Reise keinen Sprachkurs absolvieren,
plattdeutsch wird meist nur in der Familie gesprochen. Der eine oder andere
Begriff mischt sich trotzdem immer ins
Gespräch (Kasten S. 12).

Landleben pur

Weiter Blick bis zum Horizont, endlose Felder, die Ränder sind mohnrot
und kornblumenblau. Von Mai bis
Juni schießt knallgelb der Raps in den
Himmel. Später verströmt violetter
Klee honigsüßen Duft, dann dominiert
Sonnenblumengelb das Spätsommerbild.
Viele Farben hat das Land – nur die Kuh
ist nicht lila, das wissen nach kurzer Zeit
auch alle Stadtkinder. Landleben pur
findet man im Urmecklenburger Land, es
fängt gleich östlich von Lübeck an. Den
einstigen „Urwald" im Klützer Winkel
haben die Siedler im 12. Jahrhundert
gerodet und solch fruchtbaren Boden
gewonnen, dass diese Ecke Mecklenburgs
„Speckwinkel" genannt wurde. Noch
heute finden Sie in dieser Gegend urige
Dörfer, Gutsschlösser, alte Kirchen und
blühende Gärten. Eine Idylle, die sich bis
an die naturbelassenen Strände fortsetzt.
Pensionen, Bauernhöfe und andere Pri-
vatquartiere fügen sich in die unzersie-
delte Feld- und Wiesenlandschaft ein.
Wasser prägt auch die Gegend um
Güstrow, an der Grenze zwischen der
Mecklenburgischen Schweiz und der
Mecklenburgischen Seenplatte. Die
Landeshauptstadt Schwerin ist dicht an
den Schweriner See gebaut. Und Wasser
ist schließlich auch die Lebensader des
Naturparks Mecklenburgisches Elbetal.
An all diesen Seen und Flüssen im
Hinterland geht es meist stiller zu als in

Vineta – die versunkene Stadt

An einem Ostermorgen hütete ein Schäferjunge seine Herde nahe dem Strand von Koserow auf der Insel Usedom. Vielleicht stand er aber auch in Barth oder Ruden, wer weiß das schon so genau? Wie er so über die weite See blickte, stieg mit einem Mal eine Stadt aus dem Wasser empor: Direkt vor ihm tat sich das hohe, reich verzierte Tor in der Mauer auf. Nachdem der Junge sich von diesem Schreck erholt hatte, lief er neugierig hinein.

Gleich sah er sich unter Menschen, die sonderbar, aber prächtig gekleidet waren. Die Männer trugen pelzbesetzte Mäntel und federgeschmückte Barette. Die Frauen gingen in Samt und Seide gekleidet und vom Hals hingen ihnen Edelsteine und Goldketten herab. Von den Häusern war eines prächtiger als das andere mit Fenstern aus buntem Glas, mit Säulen von Marmor und vergoldeten Ziegeln. Der Junge lief auf und ab, doch ihm wurde unheimlich zumute, denn alles in dieser Stadt geschah ohne den geringsten Laut. Stumm bewegten sich die Menschen auf den Straßen, stumm drängten sie sich um die Tische, wo Kaufleute stumm ihre Stoffbahnen entrollten. Da winkte dem Jungen ein Kaufmann zu, lachte freundlich und bot ihm die herrlichen Stoffe an, der aber schüttelte den Kopf und streckte seine leeren Hände hin. In allen Taschen seines Anzugs suchte der Junge, aber er wusste, dass er nicht einen Pfennig besaß. Schnell ging er durch das Tor zurück zum Strand. Als er sich umwandte, lag vor ihm nur die See, nichts war mehr zu sehen von der schönen Stadt.

Betrübt saß der Junge am Strand, als ein Fischer vorbeikam, sich zu ihm setzte und sprach: „Höre, wenn du ein Sonntagskind bist, kannst du heute die Stadt Vineta aus dem Meer steigen sehen. Sie ist hier vor vielen Jahren untergegangen." Da berichtete der Junge, was er erlebt hatte. Der Fischer sagte: „Hättest du nur einen Pfennig gehabt, so wäre Vineta erlöst gewesen." Die Stadt war einst die größte in Europa. Ihre Bewohner waren über alle Maßen reich, da sie mit vielen Völkern Handel trieben. Je mehr aber der Reichtum Einzug hielt, desto mehr verfielen die Menschen dem Hochmut und der Verschwendung. Ihre Schweine ließen sie aus goldenen Trögen fressen und die Löcher in den Hauswänden verstopften sie mit Brot.

Da stieg eine Wasserfrau aus dem Meer und rief dreimal mit schauerlicher Stimme: „Vineta, Vineta, du reiche Stadt, Vineta, du sollst untergehen, weil hier viel Böses ist geschehen." Da brach in einer Novembernacht die Sturmflut über die Stadt herein. Nur alle hundert Jahre, an einem Ostermorgen, steigt sie wieder empor.

Ruhig gelegene Strände mit knorrigen Bäumen findet man häufig auf dem Darß

den Badeorten an der Küste. Hier haben Radwanderer, Wassersportler, Angler und Pferdeliebhaber ihr Mekka.

Städte mit roten Gesichtern

Roter Backstein prägt die Gesichter der alten Hafen- und Hansestädte Wismar, Rostock und Stralsund. Nach dem großen Vorbild Lübecks bauten die prosperierenden Hansestädte im 13. Jahrhundert anstelle der Hallenkirchen gotische Basiliken. Die Wohnhäuser schmückten sie mit prächtigen Staffelgiebeln aus preisgünstigem Ziegelstein. Im Laufe der Zeit haben manche von ihnen Renaissance-, Barock- oder Jugendstilfassaden bekommen. Den besten Eindruck einer einst reichen Hansestadt vermitteln heute noch die Altstädte und UNESCO-Weltkulturerbestätten Wismar und Stralsund. Weltliches Pendant der Dome und Kirchen sind die prächtigen Schlösser der Landesfürsten. Sehenswerte Glanzstücke ihrer Epoche sind vor allem das Renaissanceschloss in Güstrow, das spätbarocke Schloss in Ludwigslust und das aus dem 19. Jahrhundert stammende Schweriner Schloss.

Was Eltern wissen sollten

Mecklenburg-Vorpommern ist das Sommerreiseziel Nummer eins in Deutschland. Etwa jeder fünfte deutsche Sommerurlauber verbringt, laut einer Analyse des Europäischen Tourismusinstituts, seine Ferien in diesem Bundesland. Mit komfortablen Hotels und Pensionen hat es sich auf diesen Besucherstrom eingestellt. Selbst der winzigste Ort ist inzwischen über ein Tourismusbüro erreichbar. Wenn Sie nicht genau wissen, unter welchem Stichwort Sie suchen sollen, rufen Sie den Tourismusverband Mecklenburg-Vorpommern in Rostock an (Kasten rechts).

Leib und Seele

Sie müssen sich um Ihr leibliches Wohl keine Sorgen machen, selbst wenn in den Läden kleinerer Orte nicht das gewohnte üppige Sortiment vorhanden ist. In nahezu jedem Badeort gibt es mittlerweile wenigstens einen Supermarkt (hierzulande ostdeutsch „Kaufhalle" genannt). Sollten Sie dennoch etwas Wichtiges vermissen, liegt die nächste größere Stadt in erreichbarer Nähe.

Banken und Poststellen sind allerdings – mit Ausnahme der Filialen in den größeren Seebadeorten – ein wenig weiter gestreut. Für die medizinische Versorgung ist ausreichend gesorgt. Rund um die vielen Orte, die sich inzwischen zu See- und Heilbädern entwickelt haben, werden Sie immer ärztlichen Rat und Apotheken finden. Wer sich gleich zu Beginn seines Urlaubs mit den Informationsbroschüren der Kurverwaltungen oder Touristeninformationen ausstattet,

Mit Kind und Kegel

Etwa 30 Prozent aller Ostsee-urlauber reisen mit ihrer Familie nach Mecklenburg-Vorpommern, heißt es laut Landestourismusverband. Der Katalog „Urlaub mit Kind und Kegel" verrät, wo Familien besonders willkommen sind. Das Logo mit dem blauen Fisch mit goldener Krone ist Kennzeichen für besonders familienfreundliche Orte. **Tourismusverband Mecklenburg-Vorpommern**, *Platz der Freundschaft 1, 18059 Rostock, Tel. 0381-40 30 50-0, info@auf-nach-mv.de, www.auf-nach-mv.de.*

hat im Notfall die wichtigsten Telefonnummern schnell parat.

Vorsicht, Sonnenbrand

Herrliche Strände locken entlang der gesamten Ostseeküste zum Baden. Strahlender Sonnenschein und ein leicht kühlender Wind verführen dazu, sich sofort die Kleider vom Leibe zu reißen und in die Fluten zu springen, um sich anschließend von der Sonne trocknen zu lassen. Vorsicht, blitzschnell haben Sie sich so einen Sonnenbrand eingefangen, denn Sand und Wasser verstärken die Reflexion der Strahlen. Deshalb: Sorgen Sie rechtzeitig für einen guten Sonnenschutz in Form von Sonnenmilch, -creme, -gel oder -spray.

Kleines plattdeutsches Lexikon

Ein paar hilfreiche Worte für Kinder zum schlagfertigeren Umgang mit einheimischen Spielgefährten:
alls kloor – alles klar
Tühnkram/Tüdelkram – Unsinn
Ökelnam – Spitzname
Dröhnbüddel – Langweiler
Bangbüx – Angsthase
Pinnenschieter – Pfennigfuchser
Farken – Ferkel
klönen – erzählen
geheernklüterich – ein bisschen verdreht im Kopf
hol di schtief – halt dich gerade oder Kopf hoch
plietsch – schlau
Mudding, hür tau, wi räden platt – Mama, hör zu, wir reden Platt

Bester Sonnenschutz ist immer noch die Kleidung. Ohne schützendes Hemd und Sonnenhut sollten die Knirpse so wenig wie möglich in praller Sonne spielen. Die heiße Mittagssonne sollte man prinzipiell meiden. Ansonsten buddeln Ihre Kinder am besten im Schatten des Strandkorbs. Sonnen- und Windschutzkonstruktionen, wie z. B. Strandmuscheln, die ähnlich einem Zelt aufgebaut werden, gibt es fast überall zu kaufen, und im Zweifelsfall tut's auch der gute alte Sonnenschirm. Hat es Sie dennoch erwischt, hilft ein Gang in die nächste Apotheke oder ein altes Hausmittel: kalter Joghurt oder Buttermilch. Bei Fieber oder Übelkeit sollten Sie einen Arzt aufsuchen.

Luft und Wasser

Über die Heilkraft der sauerstoffreichen und jodhaltigen Seeluft ist man sich längst einig. Sie labt Haut und Atmungsorgane. Und das sogenannte Reizklima bringt den Kreislauf auf Trab. Atmen Sie tief durch, wenn Sie am Strand spazieren gehen und Ihnen der Wind unzählige kleine Tröpfchen ins Gesicht bläst: Inhalieren Sie dieses heilsame maritime Aerosol. Auch ein Bad im Meer wird Ihrer Gesundheit guttun. Der Blick auf die alljährlich vom Sozialministerium des Landes herausgegebene Karte zur Badewasserqualität in Ostsee und Binnenseen zeigt vorwiegend blaue Punkte (interaktive Badewasserkarte unter www.sm.regierung-mv.de oder kostenlos zu bestellen beim Ministerium für Soziales und Gesundheit Mecklenburg-Vorpommern, Postfach, 19048 Schwerin, Tel. 0385-588-0, poststelle@sm.mv-regierung.de). Das bedeutet: Fast alle Gewässer in Mecklenburg-Vorpommern sind zum Baden sehr gut geeignet. Mitarbeiter der Gesundheitsämter entnehmen jährlich von Mai bis September in vierwöchigem Rhythmus Wasserproben an Badestränden und Badestellen, die von den zuständigen Gesundheitsämtern untersucht werden. Dabei werden auch geringfügige Schwankungen, die unter anderem von Wind- und Strömungsverhältnissen beeinflusst sind, registriert. Sollte Ihr angestrebtes Ziel nur einen grünen Punkt haben, lassen Sie sich nicht gleich abschrecken, denn selbst kurzzeitig angespülter Seetang beeinträchtigt das Ergebnis unterm Strich. Den begehrten blauen Punkt erhält der Ort auf der Badewasserkarte des folgenden Kalenderjahres, wenn sich alle Proben als einwandfrei erweisen. Begehrter noch als der blaue Punkt ist die berühmte Blaue Flagge. Wo sie weht, ist sie nicht nur Zeichen für gute Wasserqualität, sondern auch für ausgeprägtes Umweltmanagement. 28 Badestellen zeigen in Mecklenburg-Vorpommern diese Flagge, das sind 80 Prozent aller in Deutschland ausgezeichneten Badestrände.

Zimmer frei!

Wie von Zauberhand ist dieses Schild mit dem Ferienbeginn von Häusern und Gartenzäunen verschwunden. Nicht nur im Sommer, auch über den Jahreswechsel sind die mehr als 3.000 Hotels, Pensionen und unzähligen Privatbetten nahezu ausgebucht. In der Hochsaison wird es sogar schwierig, noch einen Platz auf einem der 190 Campingplätze zu ergattern. Sie sollten sich also für einen Sommerurlaub rechtzeitig anmelden. Am besten ist es, wenn Sie sich von den Touristen-Informationsbüros der jeweiligen Orte vorab von zu Hause aus beraten lassen. Kurverwaltungen und Touristeninformationen schicken in der Regel Unterkunftsverzeichnisse der Regionen zu. Die informieren detailliert über die Ausstattung der einzelnen Domizile. Etliche der Hotels und Pensionen haben sich auf Familien mit Kindern eingestellt. Spielzimmer und Babysitter sind zwar noch nicht die Regel, man muss danach aber nicht mehr suchen wie nach der Stecknadel im Heuhaufen. Spielplätze und Freizeitangebote für Kinder sind fast überall zu finden. Im Kapitel „Kinderfreundliche Strände" werden Beispiele dafür aufgeführt. Die Seiten 108 bis 111 machen Sie mit zehn Varianten familiengerechter Unterkünfte bekannt.

Der Strand von Graal-Müritz (S. 24) lockt mit ausgezeichneter Wasserqualität

Essen & Trinken

„So eine Gans ist doch ein närrischer Vogel, für einen ist er bald zu viel, für zwei reicht er nicht aus", besagt eine mecklenburgische Küchenweisheit und belegt damit den Paragrafen Nummer eins der hiesigen Küche: Der Teller muss voll sein. An erster Stelle steht

Fisch steht auf den Speisekarten ganz oben. Sehr beliebt: Dorsch und Aal

dabei die Kartoffel. Jährlich werden hier rund 500.000 Tonnen der beliebten Erdäpfel geerntet. Mecklenburger und Vorpommer nennen sie auch Kartüffel, Kantüffel, Ketüffel, Tüft und Tüffel. So viele Namen sie dafür haben, so viele Rezepte mal hundert gibt es. Doch das war nicht immer so: Als Friedrich II. den Erdapfel in seinen pommerschen Provinzen einführte, da „wull se kein Hund freten". Heute gehört er zur Speckstippe, zum Pökelfleisch, zum Schinkenbraten, zu gekochtem Fisch oder wird als Suppe oder warmer Kartoffelsalat verspeist. Mit Pflaumen- oder Apfelmus kommen Kartoffeln als „Himmel und Erde" auf den Tisch. „Tüften un Plum", mit Speck und Pflaumen gekocht, ist eine dicke Kartoffelsuppe, die, fügt man ihr statt Fleisch Aal zu, sich als „Rügener Aalsuppe" und mit grünem Hering als „Rügener Fischsuppe" verkauft. Im **Kartoffelmuseum** in Tribsees im Trebeltal kann jeder Kartoffelliebhaber mehr Interessantes und Wissenswertes über die runde Knolle erfahren [Kirchplatz 7, 18465 Tribsees, Tel. 038320-64 98 03. Mo-Fr 9-12 u. 13-16 Uhr oder nach Vereinbarung. Erw. € 2, Kinder (ab 14 J.) € 1]. Ihre Vorliebe fürs Süße, oft in Ambivalenz zum Sauren, haben die Mecklenburger und Vorpommern einst von den Schweden übernommen. Bratkartoffeln werden gern noch heute mit einem Löffelchen Zucker gewürzt, und Blutwurst kommt gebraten mit Rosinen und Mandeln auf den Teller. Die Säure des Backobstes schmeichelt dem Gaumen ebenso wie gezuckerte Soßen mit Zitrone oder Senf.

Hering und Rökeraal

Wer ans Meer fährt, den gelüstet es meistens auch nach Fisch. Gefischt wird in Ostsee, Bodden- und Binnengewässern das ganze Jahr. Das Frühjahr beginnt mit dem Hering. Er kommt in Scharen vom Kattegat und zieht zum Laichen vor die Küste, vor allem in der Nähe von Rügen. Alsbald machen viele seiner Art knusprig gebraten (sehr lecker: grüner Hering mit Bratkartoffeln) oder als Bismarckhering sauer eingelegt die Runde in den Lokalen. Einst war er als Salzhering mit Schusterstippe, einer Soße aus Zwiebeln, Speck, Mehl und Zucker, ein Arme-Leute-Essen. Der Aal hat von Mai bis August Saison. Beliebt war auf Hiddensee schon früher der Salzaal in Senfsoße. Die Flunder, so heißt es, soll in den Monaten ohne „r" am besten schmecken; für den Dorsch gilt das Gegenteil. September bis Januar ist auch die große Zeit der Lachse und Forellen. Frisch geräuchert, noch warm vom Feuer der Buchenscheite und Wacholderzweige schmecken alle Fische am besten. Unwiderstehlich duftet es an vielen Orten aus eisernen Räucheröfen, in denen sich zum heimischen Rökeraal (Räucheraal), zu Makrele und Dorsch oft auch Heilbutt und Butterfisch gesellen.

Brot und Bier

Neben Kartoffel, Gans, Schwein und Fisch zählt auch Brot zu den Grundnahrungsmitteln. Nur wenig geht einem Einheimischen über frisches Schwarzbrot mit Apfel-Grieben-Schmalz. Brot konnte in kargen Zeiten lange aufbewahrt und vielseitig verwendet werden. Ehe der trockene Kanten den Schweinen hingeworfen wurde, landete er als Brotsuppe in den hungrigen Mägen. Die mecklen-

Familie Schiefmaul

Wenn die Fischer am Morgen mit ihrem Fang im Hafen eintreffen, wandern alle Blicke gespannt in die orangefarbenen Kisten voller Fische. Eines der seltsamsten Wesen darunter ist die platte Flunder. Wie die Flunder ihr schiefes Maul bekam, erzählt Fritz Reuter in seinem amüsanten Flundermärchen „Läuschen und Rimels": Einst veranstalteten die Fische ein Wettschwimmen. Der Hering schwamm dabei leichtflossig davon und gewann das Rennen, zum Ärger der Flunder. Verbittert fragte sie: „Ist der Hering auch ein Fisch?" Weil die Flunder den Hering auf diese Weise ganz gemein beleidigt hatte, blieb der Flunder das Maul schief stehen. Und diesen hämischen Gesichtsausdruck hat sie bis heute behalten.

burgische Götterspeise ist ein beliebter Nachtisch für Erwachsene: ein Glas voller Pumpernickel oder Schwarzbrot, in Zucker und Rum getränkt, und mit Sauerkirschen und Schlagsahne Schicht für Schicht übereinandergelegt. Ein ungewohntes Gemisch ist auch der Schwarzbrotpudding. Trockenes Schwarzbrot ist die beste Grundlage für eine Suppe aus Bier. Bier wiederum ist das flüssige Brot des Landes, das allenfalls noch ein wenig mit „Köm" (Kümmel) verlängert wird. Bis im 17. Jahrhundert Bayern zum Bierland wurde, lag der Schwerpunkt der

Bierherstellung in Norddeutschland mit Wismar als einer Brauereihochburg. Um 1400 gab es 150 Hopfengärten vor und 183 Brauereien in der Stadt. Heute stellen Brauereien unter anderem in Lübz, Stralsund, Rostock und Dargun wieder Bier nach traditionellen Rezepten her.

Mit Kohl gegen Kohldampf

Inzwischen macht in Mecklenburg-Vorpommern auch wieder der Kohlkopf Furore. Beliebt ist besonders Grünkohl, der in den langen Sonnenstunden und der hohen Luftfeuchtigkeit vor allem auf Poel und Rügen gut wächst. Er sollte so lange auf dem Feld stehen bleiben, bis der erste Frost seine Stärke in Zucker umgewandelt hat und er sein typisches herbsüßes Aroma bekommt. Dann gibt es ihn als Suppe oder als Gemüse zu Lungenwurst, die kräftig geräuchert wird. „Wer jemals eine pommersche Lungenwurst gegessen hat, der gibt die französische Küche, falls er sie kennt und liebt, ohne Bedauern auf", schwärmte der Dichter und gebürtige Pommer Hans Werner Richter.

Was heimische Köche heutzutage auf der Pfanne haben

Auf dem Lande überwiegt die „gutbürgerliche" Küche. Halten Sie sich an Regionaltypisches wie Hering und Bratkartoffeln, dann kann Ihnen nichts Arges geschehen. Daneben aber gibt es inzwischen auch Restaurants, in deren Töpfen sich Traditionsbewusstsein und landestypische Produkte zum kulinarischen Hochgenuss mischen. Etliche Produzenten, Gastronomen, Köche und Dienstleister aus Mecklenburg-Vorpommern haben im Herbst 2010 beschlossen, mit

der Initiative „ländlichfein" Orte regionaler Gastronomie zu kennzeichnen, eine nachhaltige Esskultur zu etablieren und regionale Erzeuger hochwertiger Lebensmittel zu fördern. Voraussetzung sind Angebot oder Verarbeitung regionaler Produkte in Bioqualität, so wie es u. a. das Binzer Hotel „meerSinn", der Gemüsehof Bastorf und der Rostocker Fischmarkt praktizieren (www.laendlich fein.de). Inzwischen hat Mecklenburg-Vorpommern mit sechs Sterneköchen die meisten im Osten Deutschlands. Mit Ralf Haug aus dem Restaurant „Nixe" in Binz ist seit 2010 auch ein Sternekoch auf Rügen zu finden. 22 Restaurants wurden 2011 von „Gault Millau" mit Kochmützen ausgezeichnet. Am besten schneiden hier „Friedrich Franz" in Heiligendamm und „Der Butt" in Rostock-Warnemünde ab.

Wie der Hering zu Bismarck kam

Der Bismarckhering ist die Erfindung des Stralsunder Kaufmanns Friedrich Wiechmann. Der Feinschmecker und Verehrer des Reichskanzlers schickte dem Namenspatron zum Geburtstag ein Fässchen mit entgrätetem, sauer eingelegtem Ostseehering nach Berlin. Der persönliche Dank Bismarcks ermutigte Wiechmann, Geschäftssinn und Vaterlandsliebe in einem Begriff zusammenzufassen, und er bat – mit Erfolg –, seine Delikatesse unter dem Begriff Bismarckhering servieren zu dürfen.

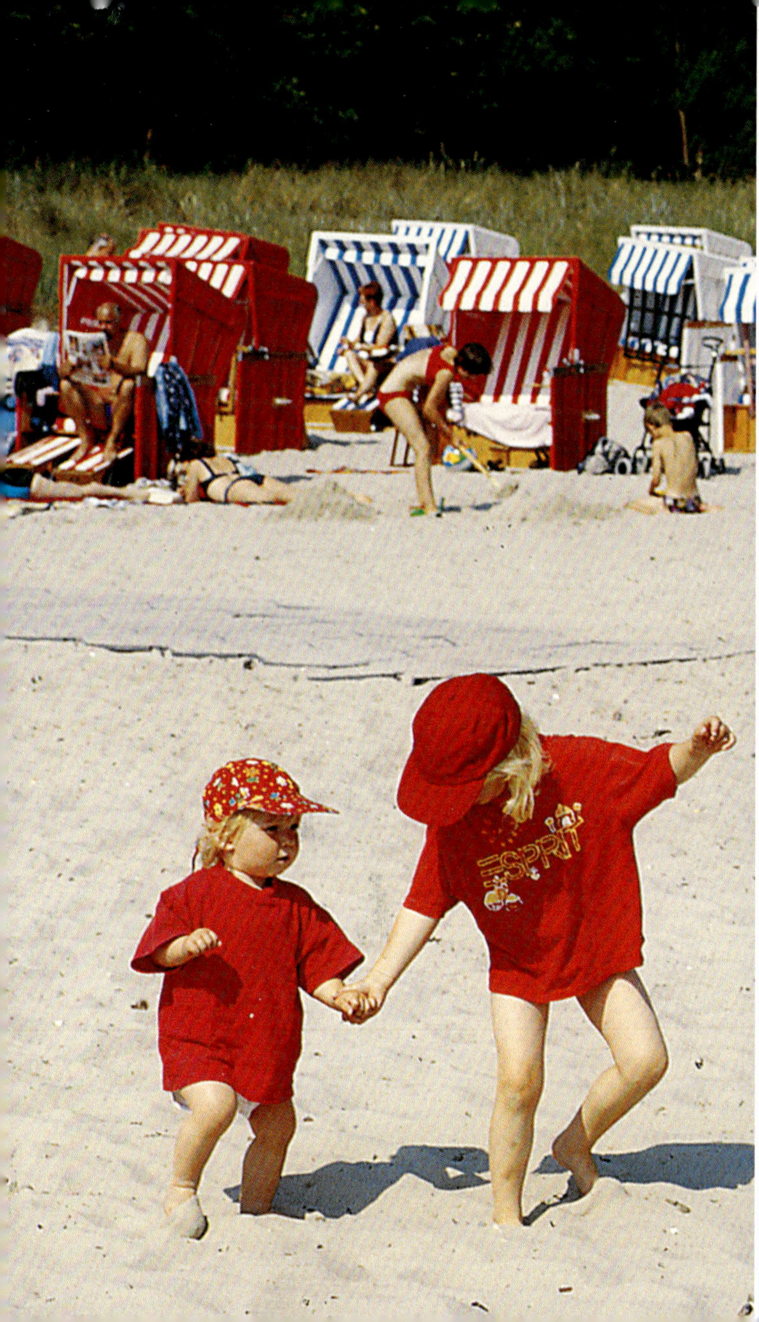

KINDERFREUNDLICHE STRÄNDE

Boltenhagen

Ein Waldstreifen bändigt
die Landwinde am
5,5 Kilometer langen
Sandstrand, der seicht
ins Wasser führt. Feste,
Kinderprogramm und Volleyball bieten
Abwechslung. Aquajogging, ökologische
und Piratenwanderungen, jedes Jahr im
August ein Seebrückenfest mit Musik
und Feuerwerk sowie das Pferderennen
im Oktober stehen auf dem Programm.
Das Seebad Boltenhagen hat Tradition:
Nach Heiligendamm ist es das zweitäl-
teste an der Ostsee. Mittelpunkte sind
heute die Seebrücke und die Strandpromenade mit Musikpavillon. Über die
Promenade gelangen Sie vorbei an drei
Spielplätzen zur **Ostseetherme**. Viel-
leicht schauen Sie in das **Buddelschiff-
museum** von Jürgen Kubatz. Von der
Seebrücke aus starten Schiffe nach Poel
(S. 19, 36) und Travemünde. Oder unternehmen Sie einen Ausflug zum Klützer
Winkel, einem Landstrich zwischen den
Hansestädten Lübeck und Wismar.

Wohlenberger Wiek

Östlich des Boltenhagener Strandes
beginnt die Wohlenberger Wiek.
Was Erwachsene zur Verzweiflung
treibt, bedeutet für Kinder gefahrloser
Badespaß: 500 Meter spazieren „Große"
ins Meer, ohne dass auch nur ihre Knie
nass werden. Im Osten wachsen Schilf
und Weiden am bewachten, mit Strandkörben möblierten Strand. Die Bucht ist
ein Paradies für Surfanfänger. Gegen
Durst und Hunger helfen Imbissstände,
Freiluftkneipen und Fischräuchereien,

gegen Langeweile Minigolf, Kegelspiel,
Kinderkart und Trampolin.

Anfahrt: A 1 bis Lübeck, weiter A 20
bis Abfahrt Boltenhagen oder A 24 bis
Kreuz Schwerin.
Kurverwaltung Boltenhagen: Ostseeallee 4, 23946 Boltenhagen, Tel. 0388
25-36 00, Ostseebad-Boltenhagen@
t-online.de, www.boltenhagen.de.
Ostseetherme Boltenhagen: Ostseeallee 106, 23946 Boltenhagen,
Tel. 038825-493, www.ostsee-therme-
boltenhagen.de. Tgl. 10-21 Uhr.
1 Std. Erw. € 5, Kinder € 2,25.
Buddelschiffmuseum: Ostseeallee 23,
23946 Boltenhagen, ww.ostsee.de/
boltenhagen. Mo-Fr 15.30-18, Sa/So
13-18 Uhr. Eintritt frei.

Ausflug in die Steinzeit

*Wie Ackerbauern und Viehzüch-
ter vor vier- bis sechstausend
Jahren gelebt haben, zeigen die
Hausmodelle im **Steinzeitdorf
Kussow**. Kinder dürfen mit
Pfeil und Bogen auf eine Wild-
schweinfigur schießen und Korn
zu Mehl mahlen. Kussower
Weg, 23948 Kussow, Tel. 03881-
71 50 55, steinzeitdorf.kussow@
gmx.de, www.steinzeitdorf-
kussow.de. April-Okt tgl. 9-17,
Nov-März Mo-Do 9-15 Uhr.
Erw. € 3, Kinder € 2, Familien
€ 7. Anfahrt: An der Kreuzung
Rolofshagen zwischen Greves-
mühlen und Klütz nach
Kussow abbiegen.*

Gollwitz

In Gollwitz im Nordwesten der Insel Poel ist das Meer so flach, dass Bootsfahrer zu Wasserwanderern werden. Wie glatte Seehundleiber ragen von der See gerundete Findlinge aus dem Wasser. Das nahe Ufer der Insel Langenwerder wäre bequem zu Fuß zu erreichen, doch haben zum Vogelschutzgebiet nur Ornithologen Zugang. Neugierige können am Strandzugang einen Blick durchs Teleskop werfen oder sich Ende Juli bis Mitte Oktober geführten **Wanderungen** anschließen. Am südlichen Zipfel gelegen, zählt Poel zu den klimatisch mildesten Gebieten. Im Sommer weht immer ein leichter Wind. Doch Vorsicht vor dem berüchtigten Poeler Sonnenbrand! Der jodhaltigen, feuchten Poeler

Raus aus den Schuhen, ab ins Wasser!

Luft wird viel Heilkraft nachgesagt. Seit Jahren bescheinigt der ADAC sehr gute Wasserqualität, da stört auch das bisschen „Kraut" an einigen Stellen kaum. Die täglichen Lufttemperaturschwankungen sind mit vier bis sechs Grad nur halb so hoch wie auf dem Festland. Das macht die Tage am Strand länger, und so mancher nutzt den kleinen Grillplatz am Gollwitzer Strand für ein abendliches Picknick, denn nach dem Toben im Wasser, auf dem Kinderspielschiff und am Volleyballnetz ist der Hunger groß.

Anfahrt: *Folgen Sie auf der Insel dem Wegweiser nach Gollwitz, um zum Strand zu gelangen.*
Kurverwaltung Insel Poel: *Wismarsche Str. 2, 23999 Kirchdorf, Tel. 038425-203 47, www.insel-poel.de.*

Pitje Poel

*Regenwetter? Ein Dach überm Kopf und viel Vergnügen bietet das **Poeler Piratenland**. Während sich die Kids gut betreut austoben dürfen, können Mama und Papa bei Kaffee und Kuchen relaxen. Sonnenweg 15, 23999 Insel Poel/Schwarzer Busch, Tel. 038425-429 00, www.poeler-piratenland.de. Mai/Juni u. Sep/Okt 10-19, Juli/Aug 10-20, Nov-April 12-18 Uhr. Erw. € 3,50, Kinder (bis 14 J.) € 6,50, (bis 2 J.) € 3,90, Familien € 17,90.*

Rerik

Nur eine schmale Landzunge trennt in Rerik Haff und Meer. Entweder gehen Sie am hellen Sandstrand und im Windschatten der Steilküste baden oder aber im knietiefen Wasser des Salzhaffs, das erst 100 Meter vom Strand entfernt tiefer wird. Letzteres bietet ein wenig außerhalb des Ortes, Richtung Kuhberg, nicht nur kleinen Wasserratten, sondern auch Surfanfängern ideale Bedingungen. Auf dem Haff können Sie zudem seelenruhig mit Ruder- und Tretboot umherschippern oder einen Ausflug mit den Fischern machen. Oder Sie genießen einfach den Blick auf Haff und Segler am Anleger, während die Kinder auf dem Abenteuerspielplatz oder auf dem Trampolin toben. Mit geführten Wanderungen zu Großsteingräbern und Fahrradtouren lässt sich Ihre Rasselbande sicher auch mal zu einer Tour über Land bewegen. Vielleicht zu einem Spaziergang zu den Salzwiesen am Haff? Der kürzeste Spazierweg führt über die 170 Meter lange Seebrücke, auf der nicht nur Kinder begeistert den Anglern zuschauen. Auch beim Hawaiian Sports Festival, den Haff-Festtagen, dem kleinen Theaterfestival oder dem Lichterfest kommt die ganze Familie auf ihre Kosten. Bei allen Unterhaltungsangeboten kennt der kleine Ort Rerik aber keine (Urlaubs-)Hektik.

Auf dem Schmiedeberg nahe der Küste thront ein kleiner Aussichtspavillon, der einen schönen Panoramablick mit Sonnenuntergang gewährt. Beschaulich ist auch ein Besuch der mittelalterlichen Johanniskirche, die der Legende nach von der dänischen Königin Margarethe gestiftet wurde, da hiesige Fischer sie einst aus Seenot gerettet haben sollen. Stolz erhebt sich ihr mächtiger Westturm über den Ort. Man kann ihn besteigen und auf die Ostsee schauen. Aber auch der Kirchenraum mit seiner festlich-fröhlichen Ausmalung ist sehenswert. In den Sommermonaten wird donnerstags um 20 Uhr in der Reriker Kirche musiziert.

Anfahrt: Rerik erreichen Sie über die B 105, Abzweig nach Rerik bei Neubukow oder Kröpelin.
Kurverwaltung Rerik: Dünenstr. 7, 18230 Rerik, Tel. 038296-784 29, info@rerik.de, www.rerik.de.

Der endlose Sandstrand von Rerik

Kühlungsborn

Wer auf der Suche nach Strandtrubel ist, kommt im größten Seebad Mecklenburg-Vorpommerns auf seine Kosten. Sieben Rettungstürme wachen über den sechs Kilometer langen, gepflegten Sandstrand, an dem bis zu 15.000 Gäste in der Sonne braten oder sich auf einer der beiden künstlichen Badeinseln im Meer treffen. Badevergnügen signalisiert die Blaue Flagge, die gute Wasserqualität garantiert. Hier ist man auch auf einen guten Ruf als Familienbad bedacht. Das beginnt schon bei fünf Wickelräumen in den Sanitäranlagen im Strandbereich. Der Sportstrand lockt mit betreuten Kursen zu Morgensport, Wassergymnastik und Krafttraining für die ganze Familie. Mehrmals in der Woche stattfindende Olympiaden sind ein spezielles Angebot für Kinder. Coole Ferien garantieren der Segelclub und die Wassersportschule mit Kursen für Miniskipper. Wem es am Strand langweilig werden sollte, der kann im **Kletterpark** in zehn Meter Höhe mit dem Fahrrad fahren. Ein Minifreizeitpark in Waldnähe mit Trampolinen, Minigolf und Tischtennis bietet Abwechslung. Auf den beiden strandnahen Kinderspielplätzen lädt Käpt'n Alfred zum Singen und Spielen ein, und die Märchenhexe Küboschka zieht mittwochs Kinder mit Geschichten, wildem Besentanz und abendlichen Laternen-Stadtführungen in ihren Bann.

Anfahrt: A 20, Abfahrt Wismar/ Insel Poel, dann über die B 105 über Neubukow oder Kröpelin. Abfahrt aus Richtung Osten: Bad Doberan.
***Touristik-Service:** Ostseeallee 19, 18225 Kühlungsborn, Tel. 038293-84 90, info@kuehlungsborn.de, www.kuehlungsborn.de.*
***Kletterwald Kühlungsborn:** Ostseeallee 25/26, 18225 Kühlungsborn, Tel. 038293-41 76 23, www.kletterwald-kuehlungsborn.de. Juli/Aug tgl. 10-19, April-Juni u. Sep/Okt Mi-So Kernzeit 11-17 Uhr, Mo/Di meist geschlossen. Erw. € 19, Kinder (13-17 J.) € 15, (6-12 J.) € 14, (5 J.) € 8, Familienrabatt.*

Der erste Strandkorb

*Schlendern Sie durch die Hermannstraße, die Einkaufsstraße in Kühlungsborn, und achten Sie auf das Kaufhaus der Familie Bartelmann. Das hat Bädergeschichte geschrieben. Besitzer ist der Ururenkel des Korbmachers Wilhelm Bartelmann, der 1882 auf Wunsch einer Dame eine Sitzgelegenheit „mit Schutz gegen Sonne und Wind" am Strand in Warnemünde aufstellte und seither als Erfinder des Strandkorbs gilt. **Geschäftshaus Bartelmann**, Hermannstr. 28, 18225 Kühlungsborn, Tel. 038293-73 03, info@bartelmann.com, www.bartelmann.com. April-Sep tgl. 9.30-17 Uhr, bei schönem Wetter länger, im Winter nach Absprache.*

Warnemünder Strand

Träumen Sie von einem Badeausflug mit Trubel und Abwechslung oder von nichts weiter als Sonne, Meer und Strand? In Warnemünde finden Sie beides. Zwischen der Westmole und Wilhelmshöhe erstreckt sich der sieben Kilometer lange und mit bis zu hundert Metern breiteste Sandstrand Mecklenburg-Vorpommerns. Wasserskiläufer, Surfer, Bananenreiter, Volleyballspieler und Drachenlenker beherrschen das bunte Bild. Weit draußen tüpfeln zahlose weiße Segel das blaue Meer. Warnemünde mit fast geradlinigem Küstenverlauf, idealen Strömungs- und Windverhältnissen und sicheren Wassertiefen zählt für die Veranstalter internationaler Segelregatten und für Hobbysegler zu den besten Segelrevieren an der Küste. Im Bereich des 40 Meter breiten,

bewachten und mit sanitären Anlagen ausgestatteten Strands unterhalb der Promenade können Groß und Klein im flachen Wasser planschen. Am Rettungsturm 3 (Piratennest) ist ein Treffpunkt. Unter dem Motto „Rette sich, wer kann" erzählen Rettungsschwimmer hier, wie man sich im Notfall verhalten sollte, und zeigen den Turm auch von innen. Sogar Piratenfahrten mit dem Kutter stehen auf dem Sommer- und Herbstferienplan. Dabei wird gesungen, gespielt und eine Flaschenpost auf Reisen geschickt. Auch Fackelwanderungen und Neptuntaufe, Lagerfeuer und Puppentheater organisiert die Touristinfo. Flanieren am Alten Strom mit seinen Restaurants und Geschäften oder entlang der Strandpromenade ist eine beliebte Alternative zum Dösen am Strand. In den hinteren Gassen – besonders in der Alexandrinenstraße – mit holprigem Kopfsteinpflaster lassen sich kleine, bunte Häuschen entdecken, die dicht an dicht gedrängt wie eine Puppenstadt wirken. Nach Westen hin, Richtung Wilhelmshöhe, steigt das Ufer an, der Strand wird schmaler und in den Sand mischen sich Steine. Hierher, in den Windschatten des Küstenwalds, kommen gern FKK-Anhänger.

Hohe Düne

Ruhigerer Fluchtpunkt nach Osten hin ist der Strand am anderen Ufer der Warnowmündung. Dorthin gelangen Sie von Warnemünde aus mit der Autofähre [Erw. € 1,20, Kinder (6-15 J.) € 0,80, Fahrrad € 0,80]. Dann zwei bis drei Kilometer mit dem Bus gefahren oder über

Das Restaurant Teepott und der Leuchtturm von Warnemünde

den Fahrradweg geradelt, und Sie haben einen ebenfalls bewachten, steinfreien bis zu 50 Meter breiten (FKK-)Strand erreicht. Auch hier geht es meist bis zu 40 Meter weit flach ins Meer, allerdings können manchmal Vertiefungen ganz vorn am Spülsaum sehr kleinen Kindern gefährlich werden. Zur Abwechslung schauen Sie mal hinter die Dünen: Im **Kletterwald Hohe Düne** können Sie mit Ihrer Familie toben wie Tarzan und Jane. Beim Balancieren über wackelige Netzbrücken und schwankende Bohlen in bis zu zehn Meter Höhe kribbelt es garantiert im Bauch. Weiter im Hinterland lockt mit der Rostocker Heide, dem größten geschlossenen Waldgebiet Norddeutschlands, nichts als Natur. Nehmen Sie sich also am besten einen Picknickkorb mit.

Action auf dem Spielplatz am Strand

Anfahrt: *von Rostock mit der S-Bahn oder per Schiff vom Stadthafen aus. Bei Anreise von Osten benutzen Sie den Warnowtunnel (mautpflichtig, pro PKW im Sommer € 3,20, im Winter € 2,50). Bei Anreise von Westen nehmen Sie den Abzweig nach Warnemünde in Bad Doberan. Belebter Strand: zwischen Westmole und Wilhelmshöhe, ruhigerer Strand: nach Osten, am anderen Ufer der Warnowmündung.*
Touristinfo Warnemünde:
Am Strom 59, 18119 Rostock-Warnemünde, Tel. 0381-54 80 00, touristinfo@rostock.de, www.warnemuende.de.
Kletterwald Hohe Düne: *Am Ortseingang von Markgrafenheide direkt am Strand, Tel. 0162-410 93 49, info@ kletterwald.info, www.kletterwald.de. Juni-Aug tgl. 9.30-19.30, April/Mai u. Sep/Okt Di u. Fr-So 10-19 Uhr. 2,5 Std.: Erw. € 17, Jugendliche und Auszubildende € 14, Kinder (bis 12 J.) € 11, Familien € 31-45.*

Holz und Teer

Wissen Sie, wie anno dazumal Teer hergestellt wurde? Auf dem Museumshof – circa acht Kilometer von Markgrafenheide entfernt – können Sie sich den letzten funktionstüchtigen Teerschwelofen Europas anschauen. Im Märchenwald trifft man auf Frau Holle, Froschkönig und Co.
Forst- und Köhlerhof Wiethagen, *18182 Rostock-Wiethagen, Tel. 038202-20 35, kontakt@ koehlerhof-wiethagen.de, www.koehlerhof-wiethagen.de. April-Sep Di-Fr 9-17, Sa/So 10-17, Okt-Mitte Dez Di-Fr 9-16, So 10-16 Uhr. Erw. € 3, Kinder € 1,50.*

Graal-Müritz

Etwa 20 Kilometer östlich von Rostock-Warnemünde mischen sich die würzige Waldluft der Rostocker Heide und die salz- und jodhaltige Seeluft so günstig, dass Graal-Müritz sich seit 1960 Seeheilbad nennen darf. Schon seit dem 19. Jahrhundert bevölkern Badegäste den fünf Kilometer langen Strand, der zwar nur bis zu 15 Meter breit, dafür aber weiß und feinsandig ist. Auch die jüngeren Badegäste haben hier ihren Spaß, denn das flach abfallende Ufer sorgt dafür, dass sie gefahrlos am Spülsaum planschen und matschen können. In den Sommermonaten wird im Bereich der Seebrücke außerdem ein Strandspielplatz aufgebaut. Dienstags und donnerstags kann im Kreativzelt am Strand gebastelt werden. Jeden Mittwoch macht der Ostseekasper in der Musikmuschel seine Scherze. Am Strand von Graal-Müritz dürfen sogar eigene kleine Lagerfeuer entfacht werden.

In Graal-Müritz wird nach EU-Normen gebadet, die Blaue Flagge für umweltbewusste Touristenorte weht an der 350 Meter langen Seebrücke. Je weiter Sie am Strand in Richtung Osten wandern, desto einsamer können Sie sich im Sand unter den teils bizarr geformten Kiefern aalen.

Sollte der Wind etwas kühler wehen, können Sie auch im warmen Meerwasser des **Aquadroms** untertauchen. Der Badespaß mit Strömungskanal und Außenbecken wird durch Saunen komplettiert. Außerdem gibt es Kegelbahnen, Tennis- und Badmintonfelder sowie Volleyball- und Fußballplätze. Oder gehen Sie im 4,5 Hektar großen **Rhododendronpark** im westlichen Teil des Orts (ausgeschildert) spazieren. Wenn im Mai und Juni die über 200 Stauden, die bis zu sechs Meter hoch werden können, voll erblühen, erstrahlt der Park in allen Farben und die Luft ist erfüllt vom Duft der Pflanzen. In dieser Zeit finden wöchentlich Parkkonzerte statt.

Spannend auch für Kinder dürfte die bei Anbruch der Dämmerung beginnende „Gruselwanderung" durch das **Müritz-Ribnitzer Regenmoor** sein, ein an der Küste einmaliges, 275 Hektar großes Hochmoor. Ein Ausflug nur für Mutige, denn hier tappt man buchstäblich im Dunkeln. Strandfeuer und Feuerwerk hingegen beleuchten den Tanz der wilden Geister, Feen und Nymphen beim alljährlichen Moorfest im September.

Anfahrt: *über B 105 (ausgeschildert). Zum schönsten Strand in Müritz kommen Sie über die Strandstraße.*
Tourismus und Kur GmbH: *Rostocker Str. 3, 18181 Graal-Müritz, Tel. 038206-70 30, touristinformation. tuk@graal-mueritz.de, www.graal-mueritz.de.*
Aquadrom: *Buchenkampweg 9, 18181 Graal-Müritz, Tel. 038206-879 00, info@aquadrom.net, www.aqua drom.net. Tgl. 9-21.30 Uhr (Di/Do Frühschwimmen ab 8 Uhr). 3 Std.: Erw. € 9,50, Kinder € 6,50, Familien € 21,50, Ermäßigungen mit Kurkarte.*

Im Ribnitzer Moor fühlen sich Kraniche, Blindschleichen und Frösche wohl

Prerow

Dunkle Wassergräben durchziehen den **Darßer Urwald** auf der Halbinsel Fischland-Darß-Zingst. Mannshoher Adlerfarn, goldgelber Ginster oder prallvolle Blaubeerbüsche säumen – je nach Jahreszeit – den Wanderweg, der zum **Prerower Weststrand** führt. In diesem ehemaligen Jagdgebiet der schwedischen Könige begegnet dem aufmerksamen Beobachter Rot- und Schwarzwild. Im Nationalpark „Vorpommersche Boddenlandschaft" – dem größten Mecklenburgs – darf man nicht von den Wegen abweichen, Hunde müssen an der Leine bleiben und das Auto bleibt auf einem der Parkplätze vor der Schutzzone stehen. Wer schlecht zu Fuß ist oder nicht Rad fahren mag, kann sich den etwa vier Kilometer langen Weg durch den Wald auch von kräftigen Haflingern in einer Kutsche ziehen lassen. Die Darßbahn fährt bis zum Nothafen **Darßer Ort**, von dort sind es noch ca. 2,5 Kilometer durch den Wald zu laufen. Welchen Weg Sie auch wählen: unbedingt an Mückenschutz denken. Der Weststrand ist mit Abstand der schönste und wildeste aller Ostseestrände. Scharfer Nordostwind hat die kräftigen Kiefern zu bizarren Windflüchtern gezaust. Hier gibt es weder Rettungsturm noch Restaurant, dafür aber jede Menge romantisches Flair. Auf der Nordspitze des Darß hält der älteste noch betriebene **Leuchtturm** des Landes Stellung. Das Meeresmuseum **Natureum** informiert hier über Besonderheiten der regionalen Landschaft, wie beispielsweise die Vogelwelt im Darßwald, und gewährt Einblicke in Meerwasseraquarien. Der Ausblick vom Leuchtturm offenbart die Veränderung der Landschaft dort unten am Weststrand, dem größten Anlandungsgebiet der südlichen Ostseeküste. Bevor Sie nun den Rückweg antreten, können Sie sich noch im Café des Natureums stärken.

Der 160 Jahre alte Leuchtturm Darßer Ort ist der älteste in Meck-Pomm

Der Darßer Urwald misst fast 5.000 Hektar, 36 Wanderwege durchkreuzen ihn

Der Nordstrand

Das zivilisierte Gegenstück zum wilden Weststrand ist – mit Strandkörben, Rettungstürmen und Sanitäranlagen – der bis zu 80 Meter breite Nordstrand direkt im Ort an der Prerower Bucht. Der Strand ist leicht abfallend und die Blaue Flagge garantiert gesunden Badespaß im Meer und ökologisch korrekte Ortspolitik. Auf dem Weg zur Seebrücke werden Ihre Sprösslinge mit Vergnügen einen Spielplatz entdecken. Kinderprogramme im Kulturkaten „Kiek in", Konzerte auf der Freilichtbühne und das **Darß-Museum** im Ort sorgen nach dem Baden für Abwechslung. Hier öffnet sich von Juli bis September jeden Mittwoch um 14 Uhr die kleine Museumswerkstatt für Kinder. Erst gibt es eine Führung, dann wird gebastelt (€ 3,50). Die Darßer Arche im nahen Wieck informiert u. a. mit begehbarer Landkarte, gläsernem Insektenbaum und Brandungstunnel über den Nationalpark Vorpommersche Boddenlandschaft. In der 500 Quadratmeter großen, kindgerecht interaktiven Ausstellung im alten Schulhaus und im schiffsrumpfartigen Neubau kann man

z. B. erfahren, wie Dünen entstehen. Hausgebackenen Kuchen gibt es im Bio-café „Fernblau".

Anfahrt: Darß-Bahn, im Sommer 9.30-16.30 Uhr jede Stunde (außer 12.30 Uhr) vom Prerower Hafen zum Leuchtturm am Darßer Ort, zurück zur vollen Stunde. Tickets: Erw. (inkl. Turmbesteigung) € 4, Kinder (bis 13 J.) € 2. Mit dem PKW: ab Ribnitz-Damgarten über die B 105, dann auf die Bäderstraße L 21.

Kur- und Tourismusbetrieb Prerow: Gemeindeplatz 1, 18375 Prerow, Tel. 038233-61 00, info@ostseebad-prerow.de, www.ostseebad-prerow.de. *Natureum:* Darßer Ort 1-3, 18375 Born am Darß, Tel. 038233-304,

Achtung, Schlangen!

Gern sonnt sich die Kreuzotter in den Dünen vom Darßer Ort. Sie können sich das Tier ruhig anschauen, nur stolpern sollten Sie darüber nicht, dann würde die sonst eher scheue Sonnen-anbeterin zubeißen, ein reiner Verteidigungsreflex. Man sollte also Obacht geben auf die grau bis rotbraun schimmernden, maximal einen halben Meter langen Schlangen, deren Rücken ein Zickzackmuster ziert, die in dieser Region aber auch gänzlich schwarz sein können. Keine Panik, falls es doch zum Biss kommt: Das Gift der Kreuzotter ist nicht so schnell wirksam. Biss abbinden und ab ins nächste Krankenhaus.

Haus Morgensonne

Im Heimatmuseum, einem restaurierten Kapitänshaus aus dem 19. Jahrhundert, haucht die Museumschefin mit ihren Geschichten den Ausstellungs-stücken Leben ein. Da werden Bilder auf englischem Steingut-geschirr – beliebtes Seefah-rermitbringsel – zu Märchen. Altbekannte Sprichwörter werden bei ihrer Wurzel gepackt. Corpus delicti zum Satz über die „Maus, die keinen Faden mehr abbeißt", ist eine alte Mausefalle mit Strippe. Kurioses gibt es zu sehen, wie den Spazierstock aus der Wirbelsäule eines Haifisches und ein mobiles Klo, deutsches Reichspatent von 1878, aus jener Zeit, in der man sein Örtchen mit auf Reisen nahm. *Haus Morgensonne*, Strandstr. 1, 18374 Zingst, Tel. 038323-155 61. April-Juni Mo-Sa 10-17, So 14-17, Juli-Okt Mo-Sa 10-17, Nov-März Di/Do/Sa 10-16 Uhr. Erw. mit Kurkarte € 2, Kinder frei.

info@meeresmuseum.de, www.meeresmuseum.de/natureum. Mai-Okt tgl. 10-18, Nov-April Mi-So 11-16 Uhr. Erw. € 4, Kinder (ab 4 J.) € 3, Familien € 8,50. Hunde erlaubt. *Darßer Arche:* Bliesenrader Weg 2, 18375 Wieck, Tel. 038233-70 38 10, info@darsser-arche.de, www.darsser-arche.de. Mai-Okt 10-18, Nov-April Do-Sa 10-16 Uhr. Eintritt frei.

Zingst

Zingst knüpft an eine alte Tradition an, die ein Prospekt der Jahrhundertwende so beschrieb: „Ideales, gefahrloses Baden vom Strandkorb aus. Sonnen und Tummeln am steinfreien, sammetweichen Strand, Spiel und Sport, nette Feste." Der größte Ort auf der Halbinsel Fischland-Darß-Zingst hat sich auf Familien eingestellt. Buddelkiste ist der 18 Kilometer lange, flache Strand. Am Sportstrand geht es bei Beachvolleyball hoch her. Sommerfeste oder Konzerte mit der Gruppe Rumpelstil bringen Groß und Klein auf die Beine. All dem fröhlichen Trubel entflieht man am besten mit dem Fahrrad über den Deich Richtung Pramort mitten im Nationalpark. Selbst wenn es mal regnet, können Kinder mit Wasser, Sand, Energie und Licht experimentieren. Das **Experimentarium** ist spannender Mittelpunkt der Zingster Kinderwelt. Hier wird gebastelt, geknobelt und experimentiert. Im Familienbistro „vis-A-vis" kann man sich das Warten auf Spagetthi mit Brettspielen verkürzen. Auch auf dem Museumshof ist immer etwas los. Das alte Kapitänshaus ist heute Heimatmuseum (Kasten links). In der Pommernstube lassen sich traditionelle Handwerkstechniken von Bernsteinschleifen bis Filzen ausprobieren. Leckereien gibt es in der Museumsbäckerei und im Café „Alt-Zingst". Donnerstag ist Markttag mit frischen Bioprodukten und regionalen Spezialitäten. Im Zentrum von Zingst hat das Max-Hünten-Haus, ein Haus der Fotografie, eröffnet, u. a. mit Bibliothek und Fotoworkshops auch für Kinder.

Anfahrt: Über die A 20 bis Bad Sülze, dann Richtung Barth bis nach Zingst.
Kur- und Tourismus GmbH Zingst: *Seestr. 56, 18374 Zingst, Tel. 038232-81 50, info@zingst.de, www.zingst.de.*
Experimentarium: *Seestr. 76, 18374 Zingst, Tel. 038232-846 78, www.experimentarium-zingst.de. April-Juni Di-So 10-17, Juli-Aug tgl. 10-18, Sep-März Di-So 10-16 Uhr. Erw. (ohne Kurkarte) € 6, Kinder (ab 5 J.) € 4,50, (3-4 J.) € 2, Familien € 17.*
Museumshof Zingst: *Strandstr. 3, 18374 Zingst, Tel. 038232-897 70. Bäckerei: tgl. 7-18 (Nov-März 7-17) Uhr. Pommernstube: Nov-April Di u. Do-Sa 10-17, Mai-Okt Mo-Sa 10-18 Uhr, Kreativzeit 11 Uhr.*

Strandtrubel: In Zingst gibt es viel zu machen und zu sehen

Binz

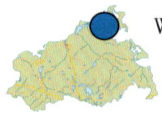

Weiße Villen im Stil der Bäderarchitektur bestimmen das Ortsbild im größten Ostseebad Rügens. Vor der Promenade erstreckt sich flach abfallend und feinsandig der breite Strand. Faul herumliegen war gestern, heute sorgen kostenfreie Angebote am Sportstrand unterhalb des Kurhauses z. B. mit Beachsoccer und Strandgymnastik für Bewegung. Außerdem gibt es Wasserspaß beim Surfen und auf Gummibananen. Schlechtwetteralternative für die ganze Familie ist das **Vitamar**, eine Erlebnis- und Badelandschaft im IFA Rügen Hotel & Ferienpark. Inmitten subtropischer Gewächse verstecken sich Grotten, Wasserfall und die 46 Meter lange Inselrutsche. Wenn wieder die Sonne scheint, locken der Wasserspielplatz am Schmachter See, der Abenteuerspielplatz am Klünderberg und der **Seilgarten in Prora**. Auf dem Kurplatz gibt es wöchentlich Kinderprogramm.

Anfahrt: im Sommer per Autofähre Stahlbrode-Glewitz, über Putbus oder ganzjährig über die Rügenbrücke.
Kurverwaltung: Heinrich-Heine-Str. 7, 18609 Binz, Tel. 038393-14 81 48, info@ostseebad-binz.de, www.ostseebad-binz.de.
Vitamar: Strandpromenade 74, 18609 Binz, Tel. 038393-920 70. So-Fr 9.30-20, Sa 9.30-22 Uhr. 2 Std.: Erw. € 5, Kinder € 3.
Seilgarten Prora, Objektstr. 52, 18609 Ostseebad Binz/OT Prora, Tel. 03831-356 94 73. April/Mai/Okt Di-So 10-17, Juni/Sep Di-So 10-18, Juli/Aug tgl. 10-19 Uhr. 2 Std.: Erw. € 19, Kinder (8-15 J.) € 13, Schnupperkurs (ab 5 J.) € 10.

Die mondäne Bäderarchitektur spiegelt den Charme der Jahrhundertwende

Die 280 Meter lange Seebrücke von Ahlbeck ist die älteste an der Ostseeküste

Bansin, Heringsdorf, Ahlbeck

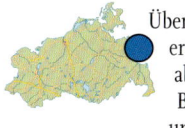

Über zehn Kilometer erstreckt sich der flach abfallende Strand vor Bansin, Heringsdorf und Ahlbeck. Besucher haben die Wahl zwischen **FKK-, Textil- und Hundestrand** und können an verschiedenen Zugängen Strandkörbe mieten. Die Angebote konzentrieren sich in Heringsdorf und Ahlbeck auf die Umgebung der Seebrücken. Dort stehen Tretboote bereit, das Trampolin lässt Kinder(herzen) höherhopsen. In den Orten finden Sie alles, was der Bauch begehrt – vom traditionellen Fischrestaurant bis zum Italiener. Enstpannt ist es in „Uwes Fischerhütte" direkt am Ahlbecker Strand. Wer genug hat vom Kleckerburgenbauen, kann sich auch zum Märchenerzähler an der Heringsdorfer Strandpromenade setzen. Märchenhaftes u. a. von den Brüdern Grimm gibt es auch jeden Dienstag, Mittwoch und Donnerstag um 10.15 Uhr im **Chapeau Rouge**,

dem knallroten Theaterzelt am Strand von Heringsdorf. Im August tanzen hier Ross und Reiter des „Usedomer Pferdetheaters" im Abendsonnenlicht. Bei schlechtem Wetter ist der subtropische Badespaß in der **Usedomer Ostseetherme** eine echte Alternative (S. 68, 96).

Anfahrt: von Süden über die A 20, Abfahrt 32 oder 26, dann B 110 über den Peenestrom bei Zecherin; aus dem Nordwesten über die B 111 bis Wolgast, per Bahn bis Züssow, weiter mit der Usedomer Bäderbahn, in Zinnowitz Anschluss Ri. Peenemünde.
Kaiserbäder Insel Usedom: Waldstr. 1, 17429 Seebad Bansin, Tel. 038378-244-0, info@drei-kaiserbaeder.de, www.drei-kaiserbaeder.de.
Chapeau Rouge: Strandpromenade, 17424 Heringsdorf, Tel. 038378-291 71. Juni-Sep. Puppenspiel: Erw. € 6, Kinder € 5, Kindervorstellung: Erw. € 7,50, Kinder € 6,50.

Trassenheide

Im nordwestlichen Teil Usedoms, im Schutz des Peenemünder Hakens, finden Sie das kleinste der Usedomer Seebäder mit dem breitesten Inselstrand. Am fast vier Kilometer langen, klimatisch günstig hinter Küstenwald und Dünenstreifen gelegenen, feinen Sandstrand wehen zwei Flaggen: die Blaue für ausgezeichnete Badewasserqualität und die Rote für einen sicheren Badestrand. Im ausgedehnten Flachwasserbereich können Kinder gefahrlos Burgen bauen. Zudem machen Rettungsschwimmer die Ferienkinder von Juni bis September spielerisch mit Wasser und Baderegeln vertraut. Nicht umsonst wurde der Ort mit dem blauen Fisch als Zeichen für Familienfreundlichkeit ausgezeichnet. Es gibt sogar einen Märchenerzähler am Strand. Abenteuerlich ist die Schatzsuche mit Pirat „Hans im Glück" und austoben kann kind sich bei den Strandolympiaden. In der Konzertmuschel an der Strandpromenade spielt jeden Dienstag um halb elf der „Ostseekasper". 30 Prozent aller Veranstaltungen in diesem Ort sind Kinderprogramm.

***Anfahrt:** in Wolgast die Peene überqueren, an der nächsten Ampelkreuzung links in Richtung Peenemünde. **Kurverwaltung Ostseebad Trassenheide:** Strandstr. 36, 17449 Seebad Trassenheide, Tel. 038371-209 28, kontakt@trassenheide.de, www.seebad-trassenheide.de.*

Ein vier Kilometer langer Sandstrand erstreckt sich im Nordwesten Usedoms

ZEHN TOUREN, DIE ALLEN SPASS MACHEN

Tour 1: Schwedenköpfe, Teufelsgitter und eine Badeinsel

Wismar • Insel Poel

Wo: im Nordwesten Mecklenburgs • Wie: zu Fuß, mit dem Schiff oder Auto und/oder Fahrrad • Dauer: Halb- bis Ganztagestour • Nicht vergessen: Stadtplan Wismar, Radwanderkarte Poel, Badezeug

Dieser Ausflug ist sowohl Kulturtrip als auch Landpartie: In **Wismar**, Weltkulturerbestätte der UNESCO, haben sich viele steinerne Zeugnisse hanseatischer Kultur erhalten und die nahe Insel Poel lässt Sie Landluft schnuppern. Wismar hat mit 76 Hektar Größe und 300 geschützten Baudenkmalen in ihrer Geschlossenheit eine der beeindruckendsten Altstädte Europas. Nach etwa zwei Stunden Stadtbummel geht es auf die 15 Kilometer entfernte Insel Poel. Die Tourlänge – abhängig davon, ob Sie ein paar Stunden am Strand liegen oder per Rad auf Entdeckungstour gehen – legen Sie selbst fest.

Wasserkunst mit Nix und Nixe

Holen Sie sich aus der **Touristinformation** am Marktplatz einen kostenlosen Stadtplan – und die Tour kann beginnen [Am Markt 11, 23966 Wismar, Tel. 03841-194 33, info@wismar.de, www.wismar-tourist.de. Tgl. 9-18, Jan–März So nur 10-16 Uhr]. Von April bis Oktober starten hier täglich um 10.30 Uhr

Stadtführungen [Erw. € 4, Kinder (ab 13 J.) € 3]. Für einen kleinen Aufpreis (je € 2 mehr) gibt es samstags um 15 Uhr auch eine Führung mit Klaus Störtebeker. 10.000 Quadratmeter ist dieser Marktplatz groß, der größte in Norddeutschland. Hier befinden sich der Regierungssitz, ein Wochenmarkt (Di, Do u. Sa) und eine Restaurantmeile. Er schmückt sich mit einer Wasserkunst, einem eleganten Renaissancepavillon, der ab dem 16. Jahrhundert die Wismaraner 200 Jahre lang mit Trinkwasser versorgte. Da im Mittelalter das Wasser in

Tierpark Wismar

*Hier stiehlt der Tarzanschwinger, an dessen Seil Kinder über einen Bach fliegen, den Tieren die Show. Riesengaudi bringen Seilbahn und Wasserspielplatz, auf dem mit Elektrobooten und Holzflößen wilde Piratenkämpfe ausgefochten werden. Achtung, Eltern: Kleidung zum Wechseln mitnehmen. **Tierpark Wismar**, Am Tierpark 5 , 23966 Wismar, Wegweiser mit Waschbär, Tel. 03841-70 70 70, info@tierpark-wismar.de, www.tierpark-wismar.de. Sommer tgl. 9-18, Winter Sa/ So/Feiertag 10-17 Uhr. Erw. € 3,50, Kinder (3-16 J.) € 2.*

den Gräben ungenießbar war, beschloss man damals, frisches Quellwasser in unterirdische Wasserauffangbehälter am Wismarer Marktplatz zu leiten. Von hier aus wurden die Haushalte der Stadt über hölzerne Wasserleitungen versorgt, man konnte sich auch kostenlos direkt vor Ort aus sogenannten Freipfosten bedienen. Zwei davon – Ihre Kinder werden sie längst entdeckt haben – sind die beiden Bronzefiguren Nixe und Nix. Ein anderer Blickfang am Marktrand ist ein schnauzbärtiges Mannsbild aus Holz am Portal des „Alten Schweden". Solch dicke bunte Schwedenköpfe zierten einst die Dalben in der Hafeneinfahrt. Dieser aber thront am ältesten Patrizierhaus von Wismar (erbaut um 1380), das mit hansischem Ambiente zu den beliebtesten Restaurationen der Stadt zählt.

Wismarer Geschichte(n)

Wismars Altstadt ist gut zu Fuß zu erkunden. Nur wenige Schritte westlich des Marktplatzes überragt der 81 Meter hohe **Marienkirchturm** die Stadt. Hier zeigt „Bruno Backstein" in einem 3D-Film, wie aus einem Lehmklumpen ein Ziegelstein und aus Millionen solcher Steine schließlich eine Backsteinkirche wird [Juli/Aug 10-20, Sep/Okt u. April-Juni 10-18, Nov-März 11-16 Uhr. Spenden erwünscht]. Inmitten der schlanken Giebelhäuser macht sich am Nordrand des Platzes das klassizistische Rathaus breit. Links daran vorbei gelangen Sie zur Lübschen Straße, über die einst transportiert wurde, was die Stadt wohlhabend machte: Tuche, Salz und Bier. Von der unternehmerischen Potenz dieser Stadt zeugt an der Ecke zur Krämerstraße auch das viergeschossige Jugendstilhaus, in dem

Die Bronzefiguren Nix und Nixe vor der Wasserkunst

1881 Rudolph Karstadt mit nur einem Angestellten seine Karriere begann. Gehen Sie über die Einkaufspassage Krämerstraße bis zur Löwenapotheke (heute ein Café). Über die Bademutter- und die ABC-Straße gelangen Sie zum Haus eines Mannes, der im 16. Jahrhundert als Ratsherr und Bierbrauer zu Reichtum kam. Seit 1979 ist der Renaissancebau des Hinrich Schabbell das Domizil des **Stadtgeschichtlichen Museums.** Der dort dokumentierte lange Weg Wismars von der Stadtgründung bis ins frühe 20. Jahrhundert ist auch für Kinder interessant gestaltet. Allerdings ist das Museum wegen Umbau bis 2014 geschlossen.

Von der Schweinsbrücke zum Ziegenmarkt

Der schon im 13. Jahrhundert angelegte künstliche Wasserlauf, einer der ältesten Deutschlands, direkt neben dem Schabbell-haus macht einen Stadtspa-ziergang am Ufer entlang auch an heißen Sommertagen ange-nehm. Im Wasser der **Frischen Grube***, das aus dem 20 Kilo-meter entfernten Schweriner See durch die Stadt in die Ostsee fließt, wurde noch vor 60 Jahren Wäsche gewaschen. Über die schmale Gracht führt die Schweinsbrücke, auf deren Pfeilern sich kleine Bronze-sauen tummeln: „Sauwohl", „Saufaul", „Sauschwach" und „Saustark". Am anderen Ufer zeigt sich die gotische* **St.-Nikolai-Kirche** *von ihrer schönsten Seite. Schauen Sie in den Innenraum. Dort wird Sie das Licht- und Schattenspiel des tiefroten Ziegelwerks beeindruck-cken. Mit einer Mittelschiffhöhe von 37 Metern ist St. Nikolai Gipfelpunkt aller gotischen Backsteinkunst im Ostseeraum. Zeigen Sie Ihren Kindern, bevor diese den Spielplatz neben der Kirche stürmen, das Teufels-gitter (Kasten rechts). Wieder unter freiem Himmel geht es unter schattigen Bäumen über uralte Grabsteinfragmente und entlang dem Wasserlauf bis zum Ziegenmarkt.*

Hafenflair

Am Lohberg beginnt die maritime Meile Wismars. In historischen Häusern haben Restaurants mit Blick auf den Alten Hafen ihr Domizil. Das **Brauhaus** am Lohberg ist ein Tipp für Gerstensaft-Liebhaber: Hier wird das traditionelle Braunbier, die Mumme, gebraut, mit 4,8 Prozent Alkoholgehalt heute nicht mehr so umwerfend stark wie das bis zu zehnprozentige Gebräu im Mittelal-ter. Wenige Schritte weiter deutet eine kleine Mauer mit zwei Kanonen die alte Stadtbegrenzung an. Durch das Was-sertor, dem einzig erhaltenen der einst fünf Stadttore aus dem 15. Jahrhundert, gelangen Sie zum **Alten Hafen**. An Kuttern und Jachten vorbei treffen Sie an der Hafeneinfahrt vor dem barocken **Baumhaus** wieder zwei Schwedenköpfe. Das Baumhaus war einst Sitz des Hafen-amts, von dem aus Wachposten mit einem schwimmenden Langholz – dem Schlagbaum – bei drohender Gefahr die Hafeneinfahrt versperrten.

Raus aus der Stadt

Stadtmüde geworden? Dann nehmen Sie im Alten Hafen das **Schiff** [www.adler-schiffe.de. Hinfahrt: 11/14, Rückfahrt 15.30, Juli/Aug Sa auch 17.30 Uhr] oder steigen Sie ins Auto und freuen Sie sich auf die **Insel Poel**. Der Weg dorthin ist gut ausgeschildert [Kurverwaltung Insel Poel, Wismarsche Str. 2, 23999 Kirch-dorf, Tel. 038425-203 47. Sommer Mo-Fr 9-17.30, Sa 10-12 u. 14-16, So 10-12 Uhr]. Nach 15 Kilometern ist der Damm über den „Breitling" erreicht. Auf Poel leben etwa 2.700 Menschen und zeitweise 100.000 Vögel, die teils aus dem hohen Norden zum Überwintern kommen:

Die Sage vom Teufelsgitter

Einst liebte ein armer Schmiedegeselle des Meisters Töchterlein. Hundert Gulden sollte er als Brautschatz bringen. In seiner Not rief der unglückliche Mann den Teufel an. Der kam alsbald in Form eines vornehmen Herrn, der ein Gitter um ein Taufbecken bestellte. Der verzweifelte Geselle unterzeichnete einen Kontrakt, nachdem er bis zum Hahnenschrei ein eisernes Gitter aus nur einem Stück zu flechten habe. Schaffe er es nicht, gehöre seine Seele dem Teufel. Die Sonne ging auf, und es fehlte nur noch ein einziger Niet. Da rief der Geselle voller Angst die Jungfrau Maria an. So wurde seine Seele gerettet und er bekam die Tochter des Meisters zur Ehefrau. Das eine Loch in dem geflochtenen Gitter aber blieb bis heute unverschlossen. Finden Sie es in der St.-Nikolai-Kirche zu Wismar?

der ist die Insel ideal für eine **Fahrradtour** [Verleih: Poeler Tourismus-Service, Carmen Radicke, Wismarsche Str. 7a, 23999 Poel-Kirchdorf, Tel. 038425-40 50 03, zimmervermittlung@poel.de, www.poel.de/fahrrad. Räder: € 4-6 pro Tag, auch mit Kindersitz zu mieten]. Erst aber lockt der Strand. Biegen Sie nach rechts ab in Richtung **Gollwitz** (S. 19).

Immer am Meer entlang

Ein Schild nahe dem Strand weist den Weg zum **Schwarzen Busch** (Kasten S. 38). Der 3,6 Kilometer lange Weg dicht am Meer und im Schatten des Dünenwalds mündet auf die Strandpromenade. In der Strandperle genießt man seinen Kaffee, ohne die Kinder am Strand aus den Augen zu verlieren. Für den kleinen Hunger können Sie zu Hefeklößen mit Blaubeeren oder Kartoffelpuffern mit Apfelmus am Ende der Promenade im Restaurant Zur Düne einkehren. Frisch gestärkt, radeln Sie 100 Meter bis zur Wendeschleife und dann den parallel

Poeler Forellenhof

*Von Richtung Wismar kommend, finden Sie kurz vor Kirchdorf, linker Hand direkt am Wasser, die beste Fischküche der Insel. Nicht nur Forellen, auch andere Fischsorten, gekocht oder gebraten, werden zu Salzkartoffeln angeboten. Für Kinder stehen auch immer Speisen jenseits vom Fisch auf der Karte. **Poeler Forellenhof**, Niendorf 13, 23999 Niendorf, Tel. 038425-42 00. Tgl. ab 11 Uhr.*

unter ihnen Silber-, Sturm- und Lachmöwen, Seeschwalben, Austernfischer und Sandregenpfeifer. Mit 37 Quadratkilometern ist Poel die drittgrößte Insel Mecklenburg-Vorpommerns, und doch lässt sich auch noch das entfernteste Gehöft an einem Tag erwandern. Keine Spur von Schickeria, kein Massentourismus. Dafür Felder und Wiesen und ein Streifen Küstenwald. Nur stellenweise sanft gewellt, meistens so platt wie eine Flun-

verlaufenden Weg „Am Reetmoor" etwa 150 Meter zurück. Auf der rechten Seite führt Sie ein Schild auf den befestigten Rad- und Wanderweg nach **Timmendorf**. Nach 3,5 km haben Sie Timmendorf/Strand erreicht. Gleich neben dem bis zu 50 Meter breiten Strand liegt ein kleiner Hafen mit einem Leuchtturm, der 1872 als Navigationshilfe zur Einfahrt nach Wismar gebaut wurde.

Salzwiesen und Festungswall

Rechter Hand an der Pension Seeblick vorbei, tauchen Sie wieder in die Stille zwischen Feld und Wald ein. Weit hinten am anderen Ufer der Ostseebucht zeichnet sich die Silhouette von Wismar ab. Direkt vor Ihnen im **Naturschutzgebiet Fauler See/Rustwerder** weiden Pferde auf Salzwiesen. Der Faule See ist ein Paradies für Watvögel, der Strand Hinter Wangern Fluchtpunkt für FKK-Anhänger und Surfer. Weiter über Wangern bis zur Hauptstraße, dort ein Stück nach links,

Auf Poel führen die Fahrradwege auch mal querfeldein

> ### Schwarzer Busch
> *Die Gedenkstätte Cap Arkona erinnert an die Katastrophe, die sich am 3. Mai 1945 vor der Ostseeküste zutrug. Damals kamen mehr als 7.000 von insgesamt rund 10.000 Menschen aus NS-Konzentrationslagern auf tragische Weise ums Leben, als sie auf Schiffe in der Lübecker Bucht „verladen" wurden: Britische Jagdflugzeuge hatten die Schiffe versehentlich bombardiert. Die 28 auf Poel angetriebenen Opfer wurden in Kirchdorf begraben.*

bis ein Wegweiser in Richtung Seedorf zeigt, führt Sie bald schon die Kirchturmspitze von **Kirchdorf** in die richtige Richtung. Über dichte Lindenkronen hinweg ist das Gotteshaus aus dem 13. Jahrhundert Landmarke und Wegweiser für Poel. Drumherum stehen die Reste alter Wallanlagen einer im Dreißigjährigen Krieg zerstörten Festung, auf der sich erst Wallenstein, später die Schweden verschanzten. Unterhalb der Wälle schaukeln im Kirchdorfer Hafen die Schiffe. Folgen Sie, vorbei an Hafen und **Inselmuseum** [Möwenweg 4, 23999 Kirchdorf, Tel. 038425-207 32. In der Saison Di-So 10-16, sonst Di/Mi/Sa 10-12 Uhr. Erw. € 2,50, Kinder € 1,25], das die Geschichte Poels erzählt, der Hauptstraße bis zum Ortsende, halten Sie sich rechts, bis ein Schild die Richtung nach Gollwitz anzeigt. Nach wenigen Metern können Sie die Chaussee gegen einen Feldweg tauschen, der Sie zurück nach **Gollwitz** bringt.

Tour 2: Quer durch den Gespensterwald

Rostock • Warnemünde • Heiligendamm

Wo: in Rostock und an der Küste Richtung Nordwesten • Wie: zu Fuß, mit Schiff und S-Bahn oder Fahrrad und Bäderbahn • Dauer: variabel – eine Dreiviertelstunde bis Ganztagestour • Nicht vergessen: Stadtplan Rostock, Badezeug und Windjacken

Fast können Sie das Meer in Rostock schon riechen, auch Möwen kreisen über der mit etwa 200.000 Einwohnern größten Stadt Mecklenburg-Vorpommerns. Doch bis zum offenen Meer ist der Weg weiter, als es dieser schon früh prosperierenden Stadt recht sein konnte. Die Hafenstadt und ihre maritime Flaniermeile in Warnemünde sind die Hauptziele dieses Ausflugs. Wenn Sie noch mehr unternehmen möchten, setzen Sie sich in Warnemünde aufs Fahrrad und radeln 18 Kilometer entlang der Küste zum ältesten Badeort Deutschlands, nach Heiligendamm. Von dort bringt Sie die alte Dampflok Molli mit Anschluss an die Regionalbahn in Bad Doberan nach Rostock zurück.

Städtisches Leben

Am schönsten entfaltet sich **Rostocks** Skyline vom Stadthafen aus [Touristinformation, Universitätsplatz 6, 18055 Rostock, Tel. 0381-381 22 22, touristinfo @rostock.de, www.rostock.de. Mai-Okt Mo-Fr 9-18, Sa/So 10-15, Nov-April Mo-Fr 10-17, Sa 10-15 Uhr, an Feiertagen gesonderte Öffnungszeiten].

Der Parkplatz in der Fischerstraße zwischen Stadthafen und Altstadtzentrum ist ein guter Ausgangspunkt für einen Stadtbummel. Halten Sie sich stadteinwärts links und gehen Sie durch die Wokrenterstraße, die mit ihrer stattlichen Giebelhausreihe Häuser aus verschiedenen Jahrhunderten adaptiert. Mittendrin steht ein noch original spätgotisches Giebelhaus, eines der ältesten Kaufmannshäuser der Stadt: das

Zum alten Fritz

*Fisch in allen Variationen und selbst gebrautes Bier – Bestandteil der Störtebeker Biersuppe – sind die Spezialitäten des Hauses. Die Atmosphäre im alten Lagerhaus ist locker, die Kellner sind freundlich. Kinder freuen sich über die extra Kinderkarte – abwechslungsreicher als anderswo und zum Ausmalen. Und die Spielecke ist zwar klein, der Blick auf das Treiben im Hafen – von den Plätzen vor dem Haus – dafür umso aufregender. **Zum alten Fritz**, Warnowufer 65, 18057 Rostock, Tel. 0381-20 87 80, bgh-hro@ alter-fritz.de, www.alter-fritz.de. Tgl. ab 11 Uhr.*

Hausbaumhaus. Als Sitz der Deutschen Stiftung Denkmalschutz ist es frei zugänglich und wird gern wegen seiner architektonischen Besonderheit besucht: einem hohen Eichenstamm, der als statischer Mittelpunkt die Holzbalkendecke und den ersten Speicherboden trägt. Wenn Sie die Lange Straße überqueren, gelangen Sie in das Zentrum der Altstadt. Auf der Kröpeliner, die parallel zur Langen Straße verläuft, pulsiert städtisches Leben. Hinter Fassaden fast aller Epochen reizen Läden die Schau- und Kauflust. Viele der prachtvollen Gebäude um den zentralen Universitätsplatz gehören zur 1419 gegründeten und somit ältesten Uni Nordeuropas. Kinder tummeln sich inmitten sprudelnder Fontänen auf den Bronzeleibern des Brunnens der Lebensfreude auf dem Uniplatz. Ein Tipp: Schauen Sie in den kleinen Innenhof des **Kulturhistorischen Museums im Kloster zum Heiligen Kreuz**, links neben dem Hauptgebäude der Uni gelegen [Klosterhof, 18055 Rostock, Tel. 0381-203 59 10. Di-So 10-18 Uhr. Eintritt frei]. Mitten in der Innenstadt tauchen Sie in das mittelalterliche Rostock ein: Klostergemäuer, ein Stück Stadtmauer, uralte Bäume, hutzelige Fachwerkhäuschen. In der Ausstellung sind neben einer Kunstsammlung vor allem Möbel und Kunsthandwerk des Mittelalters zu sehen. Im Refektorium, dem einstigen Speisesaal der Nonnen, befinden sich Zeugnisse mittelalterlicher Sakralkunst, darunter der Dreikönigsaltar mit der ältesten Stadtansicht aus dem 15. Jahrhundert.

Ein Wunderwerk der Mechanik

Nach dieser spannenden Zeitreise sind Ihre Sprösslinge sicher auch zu einem

Robbenstation

Neun Meeressäuger leben in der weltweit größten Seehundforschungsanlage. Luca und die anderen schwimmen in Becken auf einem ehemaligen Fahrgastschiff. Vom Sonnendeck aus kann man die Tiere beobachten. Das Tollste aber ist, dass man – nach Anmeldung – sogar mit den Robben schwimmen und tauchen darf. **Marine Science Center**, Am Yachthafen 3a, 18119 Rostock, Tel. 0381-50 40 81 81, www.msc-mv.de. April-Nov 10-16 Uhr. Erw. € 6, Kinder (ab 4 J.) € 4, Familien € 15.

Kirchenbesuch bereit. Die **Marienkirche** steht am Ziegenmarkt, nahe der Kröpeliner Straße [Am Ziegenmarkt 4, 18055 Rostock, Tel. 0381-492 33 96, www.marienkirche-rostock.de. Besichtigung: Mai-Sep Mo-Sa 10-18, So 11-17, Okt-April Mo-Sa 10-12.15 u. 14-16, So 11.15-12.15 Uhr]. Ihre Hauptattraktion ist eine elf Meter hohe astronomische Uhr, deren Mechanik noch nach über 500 Jahren Stunde, Tag, Zeit des Sonnenaufgangs, Stand von Sonne und Mond im Tierkreis, die Mondphasen und vieles mehr anzeigt. Jeden Mittag, zwölf Uhr, treten sechs geschnitzte Evangelisten und Apostel aus der Tür oben im Figurenumlauf. Sie ziehen an Christus vorbei und verschwinden wieder im Uhrgehäuse. Nur dem Judas wird das Türchen vor der Nase zugeschlagen, und er muss bis zum nächsten Umgang um Mitternacht vor der Himmelspforte stehen bleiben.

Mit dem Dampfer ans Meer

Sicherlich kann man mehr als einen Tag in Rostock verbringen. Allein den **Zoologischen Garten** (S. 86) sollten Sie sich nicht entgehen lassen. Doch für dieses Mal lassen Sie es genug sein. Kehren Sie über die Lange Straße hinter der Marienkirche zum Stadthafen zurück und schiffen Sie sich auf einem der nach Warnemünde schippernden Ausflugsdampfer ein. Die Fahrt flussabwärts vorbei an den Hafenanlagen dauert eine knappe Stunde. Die Kapitäne der Ausflugsdampfer wissen viele Geschichten zu erzählen: vom Elend und Glanz der Rostocker Seefahrer-, Schiffbauer- und Fischerzunft. Wenige Kilometer bevor die Warnow in die Ostsee mündet, werden Ihre Lieben von den riesigen Fähren beeindruckt sein, die täglich vom Seehafen nach Skandinavien ablegen. Wenn Sie am Ufer die Hellingen, Docks und Kräne der Nordic-Yards-Werft sehen, ist der Hafen von **Warnemünde** fast erreicht [Touristinfo, Am Strom 59, 18119 Rostock-Warnemünde, Tel. 0381-54 80 00, touristinfo@rostock.de, www.warnemuende.de. Mai-Okt Mo-Fr 9-18, Sa/So 10-15, Nov-April Mo-Fr 10-17, Sa 10-15 Uhr].

Bummel am Alten Strom

Jeden, der am Alten Strom an Land geht, zieht die Hafenmeile Warnemündes magisch an. 500 Jahre lang war dieser Strom, an dem sich schmucke Kapitänshäuser aneinanderreihen, Rostocks Hafenzufahrt. Erst 1903 wurde der Neue Strom ausgebaggert. Schauen Sie unbedingt auch einmal in die hinteren Gassen. Schon eine Straße hinter der Prome-

Der Alte Strom in Warnemünde ist beliebter Tummelplatz

nade finden Sie eine ganz andere Atmosphäre: Bunte Puppenhäuschen reihen
sich aneinander und die Besucherströme
verlaufen sich. In Warnemünde mischen
sich Fischerromantik und Kommerz zum
Wohle aller: Schiffe laden zu Hafenrund-
fahrten oder Angelausflügen ein, roman-
tische Restaurants locken, die Boutiquen
und Galerien haben auch sonntags geöffnet. Zwischen Westmole und Steilküste
erstreckt sich die Strandpromenade.
Vom 32 Meter hohen **Leuchtturm** [Ostern
bis Anfang Okt tgl. 10-19 Uhr. Erw. € 2,
Kinder € 1, Familien € 4] hat man eine
tolle Aussicht auf den breiten Strand
(S. 22). Falls Sie den Ausflug in Warnemünde beenden wollen, können Sie mit
der S-Bahn nach Rostock zurückfahren.
Wer sich vorher noch etwas gönnen will,
kehrt ins 5-Sterne-**Hotel Neptun** direkt
am Strand ein. Schon zu DDR-Zeiten
war das 19-stöckige Hochhaus eine der
besten Adressen. Was von außen nicht
so anheimelnd wirkt, entpuppt sich im
Inneren als Luxusadresse: Im Arkona Spa
mit dem ersten zertifizierten Thalasso-
Zentrum Deutschlands kann man sich
verwöhnen lassen. Mit der RostockCard
(24 Std./€ 8) kann man nicht nur alle
öffentlichen Verkehrsmittel kostenfrei
nutzen, im Meerwasserschwimmbad
des Hotels bekommt man damit 20 Prozent Rabatt. Herrlich ist der Ausblick
aus dem Panorama-Café unterm Dach
[Hotel Neptun, Seestr. 19, 18119 Rostock-
Warnemünde, Tel. 0381-77 7-0, info@
hotel-neptun.de, www.hotel-neptun.de].

Durch den Gespensterwald

Wer noch mehr erleben will, leiht sich
ein **Fahrrad** [z. B. Fahrradverleih Berg-
mann, Parkstr./Strandweg (Parkhaus),

Glas aus Glashagen

*In Glashagen, vier Kilometer
von Bad Doberan entfernt,
stellen Regina und Norbert
Kaufmann wieder Glas her wie
einst. Es ist spannend zu sehen,
wie mit der Glasmacherpfeife
der glühende Glasklumpen
aus dem Schmelzofen geholt
und in nassen Holzkellen in
Form gebracht wird. Ergebnis
sind schlichte, dickwandige
Gebrauchsgläser.* **Glashagen-
Hütte**, *18209 Glashagen, Tel.
038203-130 88, glashagen-
huette@t-online.de, www.
glashagen-huette.de. Verkauf:
April-Dez Mo-Sa 10-12 u. 13.30-
18, Mai-Sep auch So 11-18 Uhr.
Werkstatt: Mo-Sa 10-12 u.
13.30-16.30 Uhr.*

18119 Warnemünde, Tel. 0381-519 19 55,
Mobil 0162-565 51 61, bergmannsfewo@
arcor.de. Pro Tag: Erw. ab € 5, Kinder
€ 3,50, Kindersitz € 1] und radelt am Neptun vorbei über die Strandpromenade,
die am Ende des Ortes zum sandigen
Weg wird, in den Wald des **Naturschutzgebiets Stolteraa**. Ab jetzt geht es am
Steilufer entlang. Nach zwei Kilometern
können Sie im **Hotel Wilhelmshöhe**
einkehren [Waldweg 1, 18119 Warne-
münde-Diedrichshagen, Tel. 0381-54 82
80, info@Ostseehotel-Wilhelmshoehe.
de]. Auf der Terrasse mit Meerblick,
einem Spielplatz und einer Voliere voller
Sittiche haben Sie die Wahl zwischen
Snacks aus dem Imbiss und der Restau-
rantkarte mit Mecklenburger Speziali-

täten. Unterhalb des Hochufers lockt ein Strand (FKK) zum Baden. Der nächste Ort ist das kleine **Seebad Nienhagen**. Dahinter ragen von Nordwestwinden so bizarr geformte Buchen in den Himmel, dass man den Wald Gespensterwald nennt. Von **Börgerende** sind es noch zwei Kilometer bis nach **Heiligendamm**. Wenn Sie auf dem Weg am Steindeich dicht am Meer radeln, erkennen Sie schon von Weitem die bezaubernde Kulisse des ersten Seebads Deutschlands, bereits 1793 auf Anraten des Leibarztes Herzog Friedrich Franz' I. gegründet. Heute ist das Zentrum des Ortes geprägt vom beeindruckenden Gebäude des Grand Hotels, wo sich 2007 die Staatschefs aus aller Welt zum G8-Gipfel trafen. Ihre Kinder werden sich aber vermutlich mehr für den riesigen Findling im Ort interessieren als für alle Bäderherrlichkeit. Den 220-Tonnen-Koloss hievte man einst zum 50. Jahrestag des Seebads hierher.

Molli tuckert durch Bad Doberan

Molli ist Kult

Nach dieser Tour ist die 20-minütige Rückfahrt mit der **ältesten Schmalspurbahn** der Ostseeküste namens **Molli** (Kasten links) so gemütlich wie ein Kaffeestündchen [Bäderbahn Molli, Am Bahnhof, 18209 Bad Doberan, Tel. 038203-41 50, info.hdm@molli-bahn.de, www.molli-bahn.de. Abfahrt: Sommer stündlich (letzte Fahrt 18.03 Uhr), Winter alle 2 Std. Einfache Fahrt: Erw. € 4,20, Kinder (6-14 J.) € 3,20, Familien € 11,50, Fahrrad € 2,70]. Vor allem dann, wenn Sie sich in den Speisewagen setzen. Seit 1886 schnauft Molli von Bad Doberan nach Heiligendamm und zurück. Vier Jahre später wurde die Strecke bis ins heutige Seebad Kühlungsborn (S. 21) verlängert. Nach Doberan bummelt Molli entlang einer herrlichen Lindenallee. Rechter Hand streift sie Deutschlands älteste Pferderennbahn, die seit einigen Jahren wieder genutzt wird. Schließlich dampft der Zug durch die Straßen von Bad Doberan und spuckt die letzten Fahrgäste alsbald am Bahnhof aus.

Der oder die Molli?

*Vor mehr als hundert Jahren wollte eine alte Dame mit ihrem dicken Mops den Zug besteigen. Doch der Hund riss sich los und sein Frauchen rief erschrocken: „Molli, bliev stahn!" Nicht das Tier, sondern der eben angefahrene Zug blieb stehen, denn der Lokführer hatte geglaubt, seine Bahn sei gemeint, und die Notbremse gezogen. Fortan hieß die **Bäderbahn** „der Molli" (gelesen auf der Molli-Speisewagen-Karte).*

Tour 3: Zwischen Boddenkiek und Ostseeblick

Ribnitz-Damgarten • Wustrow • Ahrenshoop • Klockenhagen

Wo: östlich von Rostock und auf der Halbinsel Fischland-Darß-Zingst • Wie: mit Schiff und Fahrrad und/oder Bus • Dauer: Tagestour • Nicht vergessen: Badezeug, Sonnencreme und Windjacken

Heute geht es auf die etwa 60 Kilometer lange Halbinsel Fischland-Darß-Zingst. Der Boddenwanderweg bietet Radlern beste Voraussetzungen. Sollten Sie die Tour per Drahtesel bestreiten wollen, leihen Sie sich am besten in Ribnitz ein **Fahrrad** [z. B. Der Fahrradkeller, Tel. 03821-47 99 33. Auch Kinderanhänger und Elektrofahrräder. Pro Tag: Erw. ab € 5, Kinder € 3,50, Hundekorb € 1, Elektrofahrrad € 18]. Sie können die ganze Tour natürlich auch mit dem Auto oder dem **Bus** bestreiten [Zeiten und Preise: www.nvp-bus.de]. Vor allem das Ziel dieser Tour, die Künstlerkolonie Ahrenshoop, machte das Land zwischen Saaler Bodden und Meer weithin bekannt. Nebenbei erfahren Sie auf diesem Ausflug Interessantes über Bernsteine, ländliches Bauen, die Kunst des Präparierens und dörfliches Leben. Am Ende muss eine Entscheidung gefällt werden: Wasserski oder Freilichtmuseum?

Gold des Meeres

Die Bernsteinstadt **Ribnitz-Damgarten** ist eine Doppelstadt, teils mecklen-

burgisch, teils vorpommersch, mit mittelalterlichem Stadttor, stattlicher St.-Marien-Kirche und hübschem klassizistischem Rathaus am Marktplatz. Hier bekommen Sie in der **Stadtinformation**

Erlebniswelt Bauernhof

*Der Streichelzoo, ein Schmetterlingsgarten, Ponyreiten, ein Trampolin, im Herbst das Maislabyrinth, Eisskulpturen im Winter, das Erdbeermuseum, eine Kindereisenbahn, eine Kletterwand und eine zehn Meter lange Rutsche auf dem Indoorspielplatz sind nur einige der amüsanten Angebote auf Karl's Erlebnishof an der B 105 zwischen Rostock und Ribnitz-Damgarten. Hier quengelt kein Kind, und Eltern können ganz entspannt im Café sitzen oder in dem riesigen Bauernmarkt Steinofenbrot (man kann beim Backen zuschauen), Bunzlauer Porzellan oder Produkte aus Sanddorn einkaufen. Probieren sollten Sie unbedingt die Soljanka im halben Brot. **Karl's Erlebnishof**, Purkshof 2, 18182 Rövershagen, Tel. 038202-40 50, post@bauernmarkt.de, www.bauernmarkt.de. Mai-Sep tgl. 8-20, Okt-April 9-19 Uhr.*

Der umgestaltete Hafen von Ribnitz-Damgarten – im Hintergrund St. Marien

Info- und Kartenmaterial [Am Markt 1, 18311 Ribnitz-Damgarten, Tel. 03821-22 01, stadtinfo@ribnitz-damgarten. de, www.ribnitz-damgarten.de. Mitte Mai-Okt Mo-Fr 10-18, Sa 10-16, So 10-14, Nov-Mitte Mai Mo-Fr 10-16 Uhr]. Nur etwa 250 Meter weiter, nach rechts durch die Neue Klosterstraße, finden Sie im Klarissenkloster das **Deutsche Bernstein-museum** [Im Kloster 1-2, 18311 Ribnitz-Damgarten, Tel. 03821-46 22, verwal tung@deutsches-bernsteinmuseum. de, www.deutsches-bernsteinmuseum. de. März-Okt tgl. 9.30-18.00, Nov-Feb Di-So 9.30-17 Uhr. Erw. € 8,50, Kinder (4-16 J.) € 4, Familien € 18,50]. Sollten Sie selbst noch keinen Bernstein am Strand gefunden haben, können Sie sich hier beim Anblick der taubenei-ergroßen Prachtexemplare trösten. Geheimnisvoll leuchten die schon in der Antike begehrten Meeressteine, in denen Spinnen, Ameisen, Blattläuse, Tausendfüßler und Schmetterlinge

gefangen sind. Der fünf Millimeter große Blattkäfer hat sogar noch seine blaugrün-lich schimmernde Farbe behalten. Selbst die Glieder der filigranen Langbeinfliege sind zu erkennen, am besten unter der Lupe. Was der Mensch außer Schmuck noch alles aus den fossilen Harztropfen herstellen kann, beweisen bis zu mehr als 300 Jahre alte kostbare Gegenstände, z. B. die verkleinerte Nachbildung eines Teils der Wandtäfelung des legendären Bernsteinzimmers oder ein Schachbrett, komplett aus Bernstein. In der oberen Etage kann Bernsteinschleifern bei der Arbeit zugeschaut werden. Auch Kinder dürfen mit Sandpapier Fundstücke oder erworbene Rohlinge selbst bearbeiten, die sie dann am Lederband stolz nach Hause tragen.

Schiff ahoi – über den Bodden

Wieder zurück zum Marktplatz, vorbei an der Kirche und nach rechts in die Fischerstraße, gelangen Sie rasch zum

Ribnitzer Hafen, der 2006 komplett neu gestaltet wurde. Kleine Stärkung gefällig? Im Ribnitzer Fischhafen gibt's leckere Fischbrötchen. Dort wartet im Sommer die fast 25 Meter lange **MS Boddenkieker**, mit der Sie gemütlich über den Bodden schippern können [Fahrgastbetrieb Kruse und Voß, Hafenstr. 7, 18347 Wustrow, Tel. 038220-588, abc-ostsee@t-online.de, www.fahrgastschifffahrt-fischland-darss-zingst.de. Mitte April-Mitte Juni u. Mitte Sep-Okt 10 u. 14.30, Mitte Juni-Mitte Sep 9.45, 13.15 u. 15.45 Uhr. Erw. € 6,50, Kinder € 3, Familien € 18]. Nach etwa einer Stunde ist der Hafen des alten Fischer- und Schifferdorfes **Wustrow**, heute ein gemütliches Ostseebad, erreicht. Urlauber flanieren am schmalen Hafenbecken, es duftet appetitlich aus Fischräucheröfen, Zeesenboote mit rotbraunen Segeln laden zu weiteren Boddentouren ein. Die dunklen Segel der heute nur noch touristisch oder sportlich genutzten alten Fischerboote (S. 116) sind ein Wahrzeichen des Fischlands. Wenn Sie auf den Turm der nur wenige Schritte entfernten Wustrower Kirche steigen, liegt Ihnen die Halbinsel zu Füßen. Etwa dort, wo sich das Windrad dreht, sehen Sie die mit rund 250 Metern schmalste Stelle der Halbinsel. Nahe der Kirche ducken sich rohrgedeckte Bauernhäuschen. Weiter nach rechts queren Sie die Haupt- und Einkaufsstraße und gelangen über die Strandstraße ans Meer. Der Deich ist eine beliebte Inlineskaterstrecke, da er bis Dierhagen glatt asphaltiert ist. Auf den Restaurantterrassen rechts und links der Seebrücke lässt es sich verweilen. Kinder lieben das große Aquarium im **Moby Dick** [Strandstr. 54, 18347 Wustrow, Tel. 038220-66 80].

Bernstein erkennen

Kieselstein, Seeglas, Donnerkeilsplitter – alles sieht dem Bernstein zum Verwechseln ähnlich. Wenn Sie wissen wollen, ob tatsächlich Bernstein darunter ist, reiben Sie Ihre Fundstücke an Stoff aus Seide oder Synthetik. Bernstein lädt sich statisch auf und zieht kleine Papierschnipsel an. Oder zwei gehäufte Esslöffel Kochsalz in Leitungswasser auflösen. Schwimmt der Stein oben? Finderglück gehabt! Übrigens entzündet sich Bernstein hell und rußend. Diese Eigenschaft gab ihm den Namen: „Börnen" ist das niederdeutsche Wort für brennen. Aus „Börnsteen" wurde „Bernstein".

Mit dem Fahrrad durch Afrika

Nach rechts führt der sanddorngesäumte Weg 3,5 Kilometer bis nach Ahrenshoop. Wer sich dem Ort über dieses Hochufer nähert, erlebt ihn heute noch ähnlich, wie ihn sein Entdecker, der Maler Paul Müller-Kaempff, 1889 zum ersten Mal sah. Die Aussicht vom hohen Kliff ist großartig. Nur sollte niemand zu dicht an die Kliffkante geraten. Dieses zerklüftete Land, dem man wegen des vielen Sandes und der sandigen Stürme einst den Namen Afrika gab, ist in steter Bewegung. Was Wind und Wellen diesem Küstenstück entreißen, landet im Laufe der Jahre weiter östlich, am Darßer Ort, wieder an. Ein Bunker, der der Seeüberwachung diente, ist schon das Kliff hinuntergepurzelt. Uferschwalben nisten in dem zerklüfteten Ufer. Mit den ersten Ferienhäusern haben Sie den Ortsteil **Althagen** erreicht. Von der Terrasse des Restaurants Buhne 12 blicken Sie auf das ursprüngliche Ahrenshoop, das die Künstler der alten Künstlerkolonie berühmt machten.

Der Künstlerort
Über den Grenzweg zwischen Vorpommern und **Ahrenshoop** gelangen Sie in den Ort. Licht und Landschaft zog einst viele Künstler in das ehemalige Fischerdorf auf dem Darß, dem schmalen Landstück zwischen Ostsee und Bodden. Sie kamen vom südlichen Ende des Fischlandes über das Steilufer und entdeckten wie der Maler Paul Müller-Kaempff Ende des 19. Jahrhunderts einen Ort „vollkommener Unberührtheit". Heute ist Ahrenshoop mit zahlreichen Galerien, vielen Cafés und Restaurants die Diva der Darßer Dörfer. Die beste Adresse für Fisch, auch zum Mitnehmen, ist die Räucherei gegenüber dem Supermarkt, zum Shoppen strömt alles traditionsgemäß in die **Bunte Stube** (Kasten S. 48). Ein beschaulicher Ort ist die Ahrenshooper Schifferkirche, deren Innenraum einem kieloben treibenden Schiff gleicht.

Ein Wildschwein im Museum
Die rund 25 Kilometer retour nach Ribnitz-Damgarten können Sie nun mit dem Bus (alle zwei Stunden, mit Fahrradanhänger) oder aber auf Ihrem Drahtesel zurücklegen. Verkraften Sie zwischendurch noch einen Museumsbesuch? Dann machen Sie einen Abstecher in die **Natur-Schatzkammer** in Neuheide, am Rand des Großen Ribnitzer Moores.

Entweder Sie steigen in Klein-Müritz aus dem Bus, ein großer Fliegenpilz weist den noch etwa 1,2 Kilometer langen Weg, oder Sie radeln ab Wustrow auf dem Boddenwanderweg. Die Sammlung von 250 heimischen Pilzarten ist mit Sicherheit eine gute Vorbereitung auf den nächsten Waldspaziergang. Auch über die Tiere der Region – vom Zaunkönig bis zum Seeadler – weiß Präparator Robby Krasselt spannende Geschichten zu erzählen. Auch Tausende Edelsteine und Mineralien, Schnecken, Muscheln sowie viele Schmetterlinge sind zu sehen [Natur-Schatzkammer, Ribnitzer Landweg 2, 18311 Neuheide, Tel. 038206-799 21, pilzmuseum@arcor.de, www.naturschatzkammer.m-vp.de. Tgl. 9-17 Uhr. Erw. € 6, Kinder (3-13 J.) € 2]. Wenn Sie schon über Körkwitz nach Ribnitz zurückfahren (etwa vier Kilometer), dann besuchen Sie doch die 2007 eröffnete **Wasserskianlage** auf dem Bernsteinsee. Die ehemaligen Kiesgru-

Im Kräutergarten des Freilichtmuseums (S. 48) darf gekostet werden

ben wurden mit Süßwasser gefüllt. Jetzt können die Fahrer mit bis zu 58 km/h ihre Runden ziehen. Auch wenn man nicht selbst fährt: Bei einem leckeren Eis macht das Zugucken riesigen Spaß [Körks Strandarena, Am Bernsteinsee 1, 18311 Körkwitz, Tel. 03821-70 94 30, www. wasserski-nvp.de. Mai/Sep Mo-Fr 14-19, Sa/So 12-19, Juni-Aug Mo-Fr 11 Uhr bis Sonnenuntergang, Sa/So ab 10, Okt Sa/So 13-17 Uhr. 1 Std.: Erw. € 14,50, Kinder € 9, Anfängerkarte Wasserski € 29/22, Wakeboard € 34/27].

Das Dorfmuseum

Wenn Sie über Klockenhagen weiterfahren, wenden Sie sich von der Natur-Schatzkammer aus zur Haupt-straße. Von hier führt der Radweg nach 1,5 Kilometern an eine Kreuzung: Links geht es nach Ribnitz-Damgarten, rechts zum **Freilichtmuseum Klockenhagen** [Mecklenburger Str. 57, 18311 Ribnitz-Damgarten/Klockenhagen, Tel. 03821-27 75, www.freilichtmuseum-klockenhagen. de. April-Okt tgl. 9-17, Dorfladen Mi-So 9-17 Uhr. Erw. € 4,50, Kinder (4-16 J.) € 2, Familien € 12]. Der kleine Abstecher lohnt sich: Hier hat man alte, typisch mecklenburgische Häuser gesammelt: 14 Beispiele vom Bauernhaus über ein traditionelles Backhaus bis zur Bock-windmühle sind zu besichtigen. Mittwochs und samstags wird traditionelles Handwerk wie Spinnen, Weben oder Korbflechten und Landwirtschaft wie vor 100 Jahren vorgeführt. Samstags werden Brote gebacken. Das hübsche Dorf, zu dem auch eine Kirche, ein Spritzenhaus, ein Dorfladen und der Kräutergarten gehören, bietet reichlich Auslauf und mit Schafen und Gänsen auch Lebendiges. Drei Spielplätze erwarten die kleinen Besucher, die Göpelscheune öffnet ihre Tore zum Toben im Heu. Weitere Kinderattraktionen sind die vielen Mitmachangebote wie „Ackern mit Pferd und Traktor", „Brot backen im historischen Holzofen" und „Spielen wie zu Omas Zeiten". Seit September 2011 können Museumsbesucher auch Rapsöl auf traditionelle Weise mit einer Presse aus den 1930er-Jahren herstellen. Ebenso neu ist die Möglichkeit, seltene Kräuterpflanzen aus dem Museumsgarten preiswert zu erwerben. Gut einkehren können Sie im niederdeutschen Hallenhaus von 1671 mitten auf dem Museumsgelände. Über die Mecklenburger Straße geht es etwa drei Kilometer zurück nach Ribnitz.

Bunte Stube

*Gleich neben dem Kunstkaten eröffneten 1929 Marta Weg-scheider und der Maler Hans Brass in der unverkennbar vom Bauhausstil geprägten **Bunten Stube** ein Geschäft für Kunsthandwerk, Bilder und Bücher. Es gibt auch Kinderbücher wie die „Häschenschule" vom einst in Althagen ansässigen Künstler Fritz Koch-Gotha und deren Hauptakteure in Stoff und Plüsch. Strandweg, 18347 Ahrenshoop, Tel. 038220-238, www.bunte-stube.de. Feb-März Di-Sa 11-18, April 10-18, Mai-Juni u. Sep-Okt Mo-Sa 10-18, So 13-17 Juli/Aug Mo-Sa 10-18.30, So 13-17, Nov-Jan Do-Sa 11-18 Uhr.*

Tour 4: Hansepracht und Inselidyll

Stralsund • Hiddensee mit Vitte, Kloster und Dornbusch

Wo: an der Küste zwischen Rostock und Greifswald und auf der Insel Hiddensee westlich vor Rügen •
Wie: mit dem Auto, zu Fuß, mit der Fähre und/oder mit dem Fahrrad •
Dauer: Ganztagestour • Nicht vergessen: Stadtplan Stralsund, Badesachen und Windjacken

1-2-3-4: Das Gründungsjahr der Stadt **Stralsund** ist für jeden, der schon bis vier zählen kann, kinderleicht zu merken. Ganz ohne Geschichte geht es nicht bei einem Spaziergang durch die Stadt, die auf Schritt und Tritt an die Blütezeit der Hanse erinnert und im Jahr 2002 gemeinsam mit Wismar zum UNESCO-Weltkulturerbe ernannt wurde. Ein Besuch im Ozeaneum belohnt fleißige Historiker. Spätestens am frühen Nachmittag sollten Sie auf der Fähre nach Hiddensee sitzen, um mit dem Fahrrad wenigstens einen kleinen Teil der Insel kennenzulernen, die seit Beginn dieses Jahrhunderts bevorzugte Sommerresidenz vieler Künstler ist.

Die Russlandfahrer

Die besten Parkplätze finden Sie in den Parkhäusern rund um die Altstadt. Von hier aus können Sie bequem alle Sehenswürdigkeiten der Stadt erkunden [Touristinformation, Alter Markt 9, 18439 Stralsund, Tel. 03831-246 90, info@stral

Tierpark Stralsund

Hier warten etwa 800 heimische und exotische Tiere in 133 Arten sowie eine Streichelwiese auf die jungen Besucher. Dabei hat sich der **Tierpark Stralsund** vorwiegend auf heimische Haustierrassen spezialisiert. Ziegen, Schafe, Hirsche sowie Lamas dürfen gefüttert werden. Barther Straße, 18437 Stralsund, Tel. 03831-29 30 33, tierpark@stralsund.de, www.stralsund.de. März-Sep 9-18.30, Okt-Feb 9-16 Uhr. Erw. € 5 (im Winter € 3), Kinder € 3 (im Winter € 2), Hunde € 2.

sundtourismus.de, www.stralsund tourismus.de. Mai-Okt Mo-Fr 10-18, Sa/So 10-16, Nov-April Mo-Fr 10-17, Sa 10-16 Uhr. Prospekt „Kinder-Freizeit-Kompass für Stralsund und Umgebung"]. Der Weg vom jeweiligen Parkhaus führt Sie in jedem Falle zum Zentrum Stralsunds, auf den **Alten Markt**. Wie sehr die Hanse einst eine Dreieinigkeit aus Handel, Politik und Glauben war, lässt sich selten deutlicher erkennen als hier. Das Rathaus beherrscht den Marktplatz ebenso hoheitsvoll wie die älteste der Stralsunder Pfarrkirchen, **St. Nikolai**, die sich mit Doppeltürmen wie eine bischöfliche

Das Stralsunder Rathaus diente früher auch Händlern als Kaufhaus

Kathedrale schmückt. Der Weg in die Kirche führt durch den später mit einer eleganten barocken Galerie verkleideten Innenhof des Rathauses. In einigen der historischen Krambuden gibt es heute Kunst und kulinarische Köstlichkeiten zu kaufen. Im Innenraum von St. Nikolai finden Sie die berühmten Relieftafeln vom Gestühl der Rigafahrer [Auf dem St. Nikolaikirchhof 2, 18439 Stralsund, Tel. 03831-29 71 99, st.nikolai@t-online.de, www.nikolai-stralsund.de. April/Mai u. Sep/Okt Mo-Sa 9-18, So 13-17, Juni-Aug Mo-Sa 9-19, So 13-17, Nov Mo-Sa 10-17, So 13-17, Dez-März Mo-Sa 10-16, So 13-16 Uhr]. Hier schnitzte im 14. Jahrhundert ein Stralsunder Meister, was ihm vermutlich die Handelsleute von ihren Reisen erzählten. Ermuntern Sie Ihre Kinder, genau hinzuschauen, sie werden viele hübsche Details entdecken, wie den kleinen Bären, der hungrig auf Honig wartet, oder sich in Baumwipfel und Erdhöhlen flüchtendes Pelzgetier.

Schill und Scheele

Ein kleiner Schlenker über den Marktplatz nach rechts in die Schillstraße, und Sie gelangen zum **Johanniskloster** [Schillstr. 26, 18439 Stralsund, Tel. 03831-66 64 88. Mai-Anfang Okt Mi-So 10-18 Uhr. Erw. € 4, Kinder € 1, Familien € 6], der einst größten Niederlassung der Franziskaner in Norddeutschland. Spazieren Sie weiter bis zur Fährstraße, links führt diese zum Hafen und somit auch zum **Ozeaneum** (S. 90), der neuesten und größten Attraktion Stralsunds, nach rechts geht es zurück zum Marktplatz. Achtung, vor dem Haus Nummer 21 liegt eine Gedenkplatte im Trottoir.

HanseDom

*Während Sie im Whirlpool unter Palmen relaxen, haben Ihre Kinder im hundert Meter langen Wildwasserkanal jede Menge Spaß. Turbo-, Riesenwasser- und Black-Hole-Rutsche sorgen für Vergnügen im warmen Wasser, das im Wellenbecken wie die Ostsee rauscht. Und wenn Sie sich mal in den 2.000 Quadratmeter großen orientalischen Spa-Bereich zurückziehen möchten: In der Seesternchen-Oase werden die Jüngsten gut betreut. **HanseDom**, Grünhofer Bogen 18-20, 18437 Stralsund, Tel. 03831-37 33-0, info@hansedom. de, www.hansedom.de. So-Do 9.30-22, Fr/Sa 9.30-23 Uhr. Tageskarte: Erw. € 7, Kinder € 5, Familien (1 Kind) € 35 (ab 2 Kindern) € 40.*

Sie erinnern an den antinapoleonischen Freiheitskämpfer Ferdinand Schill, der ohne Befehl seines Königs in den Kampf zog und 1809 in Stralsund fiel. Kopflos wurde der Rebell und Märtyrer begraben, sein Haupt in Weinessig eingelegt. Erst später gelangte es aus dem Leidener Naturkabinett in geweihte Erde.
Zwei Häuser weiter erblickte 1742 ein anderer berühmter Mann das Licht der Welt: Wilhelm Scheele, der das Sauerstoffelement entdeckte. Allerdings lebte er da schon in Schweden. Doch das ist für die Stralsunder nicht von Belang, da die ganze Stadt, als Preis für die glückliche Abwehr Wallensteins mithilfe der Schweden (Kasten rechts), von 1630 bis 1815 zum nördlichen Königreich gehörte.

Puppenstuben im Speicher

Hinter dem Rathaus beginnt die Ossenreyerstraße mit ihren vielen neuen Geschäften hinter historischen Fassaden. Je nachdem, wie weit die Zeit vorangeschritten ist, haben Sie jetzt freie Museumswahl: Scheidepunkt ist die Kreuzung an der Böttcherstraße. Laufen Sie nach links, so finden Sie kurz vor der Jakobikirche ein altes Speicherhaus, in dem eine Außenstelle des **Kulturhistorischen Museums** Volkskundliches der ländlichen Küstenbevölkerung zeigt [Böttcherstr. 23, 18439 Stralsund, Tel. 03831-29 33 82, kulturhistorisches-museum@stralsund.de, www.stralsund.de. Tgl. 10-17 Uhr (Nov-Jan Mo geschlossen). Erw. € 5, Kinder (ab 6 J.) € 2,50, Familien € 14]. Kindern wird vor allem die **Spielzeugausstellung** im Erdgeschoss mit Puppenstuben, Kaufmannsläden und Kasperletheater vom Ende des 19. Jahrhunderts bis in die 1950er-Jahre erfreu-

Zeitreise

Ein tolles Volksfest sind alljährlich die in der zweiten Julihälfte stattfindenden **Wallensteintage.** *Noch heute sind die Stralsunder stolz darauf, dass es Wallenstein 1628 nicht gelang, die Stadt zu bezwingen – auch wenn es ihnen 200 Jahre Schwedenherrschaft einbrachte. Ganz Stralsund geht in diesen Tagen auf Zeitreise. Die Menschen tragen altmodische Beinkleider, Kinder zimmern sich Schilde, Helme und Schwerter, verwandeln sich in Prinzessin, Pirat oder Knappe. Wilde Söldner raufen, Kaiserliche und Schweden fechten. Mit Schauspielern, die das Ereignis nachstellen, Handwerkern, Händlern, Jongleuren, Wildschwein am Spieß und Speckkuchenduft zaubert sich Stralsund die Renaissancezeit auf den Alten Markt. Infos: Wolgang Michallik, Heilgeiststr. 64, 18439 Stralsund, Tel. 03831-29 91 38, wallensteintage@basic-events.de, www.wallensteintage.de.*

en. Highlight unter den Museen weit und breit aber ist das **Meeresmuseum** (S. 88) am anderen Ende der Böttcherstraße. Für den Besuch dieses Museums sollten Sie mindestens zwei Stunden einplanen. Wenn Sie von Stralsund aus der Vogelperspektive Abschied nehmen möchten, dann steigen Sie die 366 Stufen hoch

Wie Hiddensee eine Insel wurde

Rügen und Hiddensee sollen so lange ein Ganzes gewesen sein, bis eine habgierige Frau mit Namen Hidde sich von einem Zaubermännchen die Zusage erschlich, dass ihr die erste Tätigkeit eines Tages flott und erfolgreich von der Hand gehen würde. So wollte sie des Morgens ihr Geld zählen. Um dies aber ungestört tun zu können, tränkte sie schnell noch das Vieh – und konnte nicht aufhören, Wasser zu pumpen. So schuf die Hidde die See.

in die barocke Haube von **St. Marien** am Neuen Markt. Aus 104 Meter Höhe erblicken Sie von dort schon das nächste Ziel – die Insel Hiddensee.

Inselreif

Die schmale, 18,6 Kilometer lange Insel Hiddensee liegt wie ein Wellenbrecher vor der Nordwestküste Rügens und ist nur mit der **Fähre** erreichbar [Schaproder Fähre: Abfahrtszeiten erfahren Sie unter Tel. 0180-321 21 50. Einzelfahrschein mit Rückfahrt: Erw. € 14,50, Kinder € 8,60, Fahrrad € 6,90, Familien hin und zurück ab € 41,50]. Vermutlich sind Sie längst reif für die Insel, aber davor stehen noch 40 Kilometer Autofahrt zum Hafen von Schaprode auf Rügen. Bequemer wäre es natürlich gleich per Schiff von Stralsund aus, doch verkehrt es von hier nur dreimal am Tag. Glücklicherweise steht man auf dem Weg nach Rügen nicht

mehr im Stau, seit die Rügenbrücke bis zu 42 Meter hoch den Strelasund überspannt, wobei mehr als die Hälfte der 4.097 Meter langen Brücke über dem Wasser verlaufen. Von Schaprode schippern Sie, das ersehnte Eiland im Blick, mit der Fähre knapp eine Stunde über den Bodden. Getränke und Imbiss gibt es an Bord. **Hiddensee**, das in seinen Umrissen einem Seepferdchen gleicht, ist ein Kinderparadies, schon weil hier keine privaten Autos fahren [Hiddensee-Information, Norderende 162, 18565 Vitte, Tel. 038300-64 20, www.seebad-insel-hiddensee.de. Mai-Sep Mo-Fr 9-17, Sa/So 10-12 (im Mai So geschlossen), April/Okt Mo-Fr 10-12.30 u. 13.30-17, Sa/So 10-12.30 Uhr]. In die Stille dringen nur das Klappern der Pferdehufe und das Klingeln der Fahrräder. Pferdekutschen und Drahtesel sind die wichtigsten Fortbewegungsmittel auf der Insel – egal welchen der drei Häfen Sie ansteuern,

Seebühne

Die märchenhaften musikalischen Ein-Mann-Stücke mit Marionetten verzaubern nicht nur Kinderherzen. Voller Spiellust und Spielkunst lässt der Schau- und Puppenspieler Karl Huck mit seinem Team King Kong, Hänsel und Gretel, Pinocchio, Sindbad und andere Gestalten der Fantasiewelt wiederauferstehen. **Seebühne**, Wallweg 2, 18565 Vitte, Tel. 038300-605 93, mail@hiddenseebuehne.de, www.hiddenseebuehne.de.

überall können Sie **Fahrräder mieten**
oder sich vom **Kremser** kutschieren
lassen [Fuhrmannshof Neubauer, 18565
Kloster, Tel. 038300-487 oder 0171-715 38
09, oder Stephan Wolter, 18565 Plogsha-
gen, Tel.038300-349, 0171-378 03 12.
Fahrradverleih: Süderende 6, 18565 Vitte,
Tel. 038300-472, und Hafenweg 4, 18565
Kloster, Tel. 038300-437].

Von Vitte nach Kloster

Vitte ist der Hauptort der Insel. Der
Hafen ist zum Teil noch ein echter
Fischerhafen. An zwei parallel verlaufenden Straßen reihen sich Fischerhäu-
ser und Pensionen. Im Garten vom Café
Kanne der Pension Lachmöwe gleich
hinter dem Deich können Sie selbst gebackenen Kuchen essen. Ein Stück weiter
bietet das Sanddorneck alles, was man
aus diesen Inselfrüchten herstellen kann:
Eis, Kuchen, Saft, Tee, Likör. Vitte liegt
an einer nur etwa 300 Meter schmalen
Stelle der Insel. Über den asphaltierten
Dünenweg oder über die Dorfstraße können Sie zum zwei Kilometer entfernten
Ort **Kloster** radeln. Unterwegs haben
Sie die Möglichkeit, sich im **National-
parkhaus** über die Insel zu informieren
[Norderende 2, 18565 Vitte, Tel. 038300-
680. Mitte April-Okt tgl. 10-16, sonst
10-15 Uhr. Eintritt frei].

Zum Leuchtturm

Hiddensees Flaniermeile beginnt am
Heimatmusem [Kirchweg 1, 18565 Kloster, Tel. 038300-363. Mai-Ende Okt tgl.
10-16, sonst Do-Sa 11-15 Uhr. Mai-Okt
Kinderführungen Mi 13, Seemannskno-
tenschule Do 13 Uhr. Erw. € 3,50, Kinder
(ab 12 J.) € 2]. Viele Künstler haben seit
der vorletzten Jahrhundertwende hier

Endloser Spaß: Muscheln sammeln

ihre Ferien verbracht. Der Dichter und
Nobelpreisträger Gerhart Hauptmann,
der „König von Hiddensee", wie Katia
Mann ihn nannte, kaufte 1930 das **Haus
Seedorn**, das man besichtigen kann
[Kirchweg 13, Tel. 038300-397. März/
April/Nov tgl. 11-16, Mai-Okt Mo-Sa 10-17,
So 13-17 Uhr, Dez-Feb mit Anmeldung.
Erw. € 3, Kinder € 2]. Bevor hinter Kloster
der Aufstieg zum Inselkern beginnt,
sollten Sie einen Blick in die kleine Insel-
kirche mit ihrem „Himmel voller Rosen"
werfen. Danach radeln Sie bis ans Ende
des Ortes, wo die Ginsterhügel beginnen,
zum nächsten Fahrradparkplatz. Den
weithin sichtbaren **Leuchtturm Dornbusch** können Sie nicht verfehlen [Mai-
Okt tgl. 10.30-16, Fr 19-21 Uhr. Erw. € 3,
Kinder € 2]. Nur Kinder ab sechs Jahren
dürfen den Leuchtturm besteigen. Genießen Sie am Strand die Zeit bis zur letzten
Fähre [Sommer/Winter: 19.45/17 Uhr
von Kloster, 20.05/17.35 Uhr von Vitte].

Tour 5: Die Puppen von Putbus, Hünengräber und Lokomotiven

Putbus • Lauterbach • Lancken-Granitz • Binz • Prora

Wo: im Südosten der Insel Rügen • Wie: mit dem Fahrrad und der Inselbahn • Dauer: Tagestour • Nicht vergessen: Radwanderkarte Insel Rügen, Badezeug, eine gute Sonnenbrille, Ortsplan Binz

Nirgendwo sonst an der Küste wechseln dunkle Baumschluchten so plötzlich mit sonnenüberfluteten Landwegen wie hier auf Deutschlands größter Insel. Die Autos fahren auch am Tag mit Licht, um im Zwielicht der Alleen besser gesehen zu werden. Vor allem Radfahrer sollten eine gute Sonnenbrille tragen. Heute

steht eine Fahrradtour im Südosten Rügens auf dem Programm, die etwa 30 Kilometer lang durch Felder und Wald vom Bodden zum Meer führt, von einer vornehmen alten Residenzstadt über ein Hafenstädtchen und durch Dörfer zum turbulentesten Seebad der Insel. In den Südosten der Insel kommt man am besten mit der **Autofähre** von Stahlbrode nach Glewitz [Abfahrten nur Mai-Okt tgl. ab 6 Uhr alle 20 Minuten, letzte Überfahrt: 21.40 Uhr. PKW inkl. Fahrer € 4,80, weitere Erw. € 1,20, Kinder (4-11 J.) € 0,80].

Putbus – die weiße Stadt

In Putbus nahm vor fast 200 Jahren Rügens Seebädergeschichte ihren Anfang. Das Erstaunlichste an **Putbus** ist wohl der Circus: Sechzehn kleine, weiße klassizistische Paläste umgeben den zentral gelegenen Platz. So ließ 1808 Fürst Malte zu Putbus seinen damals noch sehr ländlichen Herrensitz in eine fürstliche Residenz und in den ersten Badeort Rügens verwandeln. Im **Schlosspark** (das Schloss existiert nicht mehr) wachsen exotische Gewächse, alte Baumalleen führen zum **Tiergehege** mit weißen Hirschen und anderem Wild [Putbus-Information, Alleestr. 35, 18581 Putbus, Tel. 038301-431, www.putbus.de. Mai-Sep Mo-Fr 9-17, Sa/So 10-14, Okt-April Mo-Fr 9-16, Sa 10-14 Uhr, Stadt- und Parkführungen April-Okt

Früher Affenhaus, jetzt Puppenstube

Di-Do, Treff 11 Uhr an der Orangerie,
Tel. 038301-431].

Puppen im Affenhaus

Folgen Sie dem Wanderwegweiser durch
die Kastanienallee Richtung Neukamp.
Hier können Sie ein gutes Stück am
Parkrand entlang bis zum **Affenhaus**
radeln [Fahrradverleih, Bahnhofstr. 7,
18581 Putbus, Tel. 038301-429]. Affen
wohnen aber schon lang nicht mehr hier.
Der gläserne Pavillon ist ein Kaffeehaus
mit großer Puppenstube: Babypuppen,
Badepuppen und Künstlerpuppen
warten auf Besucher [Im Schlosspark,
18581 Putbus, Tel. 038301-609 59. März/
April tgl. 10-16, Mai-Okt 10-18, Nov-Feb
11-16 Uhr. Erw. € 3,50, Kinder € 1,50].
Schwer zu sagen, wen aus der Familie
diese Ausstellung mit 400 Puppen,
35 Puppenstuben und vielen Teddybären
am meisten gefangen nimmt. Zwischen
dem Spielzeug aus zwei Jahrhunderten
riecht es nach Mottenkugeln und Laven-
delsträußen aus Großmutters Schrank.
Für 20 Cent lässt sich ein Riesenrad von
1920 in Bewegung setzen. Jahrmarkts-
musik ertönt. Es wird Sie Überredung
kosten, Ihre Kinder fortzubewegen.
Vielleicht hilft die Aussicht auf Käpt'n
Nemos Reich im Hotelrestaurant **Nautilus** (Kasten) und ein Bad im Bodden.

Im Hafen von Lauterbach

Fast von allein rollen die Räder nun den
Weg bis nach **Neukamp**. Ein hölzerner
Steg überbrückt den schmalen Zusam-
menfluss von Bodden und Wreecher
See. Dahinter liegt das Nautilus. Ein
Wegweiser vor der Brücke zeigt die wei-
tere Richtung an: Noch vier Kilometer
sind es bis zum Hafen von **Lauterbach**.

Nautilus

*Jules Vernes hätte seine Freude
daran. Käpt'n Nemos Welt
aus „20.000 Meilen unter
dem Meer" ist im Fischerdorf
Neukamp auferstanden. Der
Gastraum des Hotels und
Restaurants ist die Kulisse
futuristischer U-Boot-Fantasien
des 19. Jahrhunderts. Ein großes
Aquarium (3.000 Liter!) führt
in die Unterwasserwelt. Nemos
Kombüse bietet verschiedene
Kindergerichte an, ansonsten
kann die ganze Familie hier
auch leckeren Fisch essen.*
Nautilus*, Dorfstr. 17, 18581
Neukamp, Tel. 038301-830,
info@ruegen-nautilus.de, www.
ruegen-nautilus.de. Restaurant
tgl. ab 11.30 Uhr geöffnet.*

Aus einem Räucherschiff dringt appetit-
licher Duft, Jachten schaukeln im Wind.
Am Hafen vorbei radeln Sie auf das
Badehaus Goor zu. Das Grün des dahin-
terliegenden Naturschutzgebiets rahmt
das imposante Portal mit 18 dorischen
Säulen ein – auch ein Relikt von Fürst
Maltes Traum vom florierenden Seebad
(heute ein Wellnesshotel) –, an dem Sie
links vorbei in den Wald radeln. Der
Weg mündet in eine Wiesenlandschaft,
schließlich geben Felder den Ausblick
auf den Bodden frei.

Steinalte Hünengräber

Nach 4,5 Kilometern heißt Sie ein mächtiger Findling am Ortseingang von **Groß
Stresow** willkommen. Gleich dahinter

Gründliche Eisenbahninspektion im Eisenbahn- und Technikmuseum Prora

können Sie das Rad ins Gras fallen lassen und auf einem der Gartenstühle vor dem rohrgedeckten Kiosk Platz nehmen. Boote liegen für eine Ruderpartie auf dem Bodden bereit. Hinter dem Dorf führt der Weg landeinwärts in Richtung Lancken-Granitz (3,5 Kilometer). Im Naturschutzgebiet „Quellsumpf Ziegensteine" säumen prächtige Eichen, Lärchen, Fichten und Linden den Weg, der schließlich an einem Feld mit seltsam geordneten Steinhaufen endet. Mächtige, bis zu 300 Zentner schwere Findlingsblöcke bekunden, dass dies hier urzeitliches Siedlungsgebiet ist, auf dem die Ackerbauern und Viehzüchter ihre Toten begruben. Grabbeigaben wie Werkzeug, Lanzen und Tongefäße mit Speisen und Trank sind natürlich längst verschwunden. Nur noch die leeren ovalen oder rechteckigen Totenkammern blieben erhalten. Und doch bekommt hier so manch einer eine Gänsehaut.

Eisenbahn- & Technikmuseum

30 Loks, alte Feuerwehrautos, Doppeldeckerbusse und vieles mehr können in Prora auf fast 10.000 überdachten Quadratmetern inspiziert werden. So z. B. ein Waggon des Rasenden Rolands von 1885, der bis zu seiner Wiederentdeckung in einem rügenschen Garten als Hühnerstall diente. Schwerstes Prunkstück ist mit 169 Tonnen eine Dampflok von 1941. Für Abwechslung sorgen eine Draisine und ein Abenteuerspielplatz. **Eisenbahn- & Technikmuseum**, *Am Bahnhof 3, 18609 Prora, Tel. 038393-23 66, www.etmruegen.de. April-Okt 10-17 Uhr. Erw. € 6, Kinder (5-16 J.) € 3.*

Prora

Prora im Norden von Binz sollte unter den Nationalsozialisten die größte Badeanstalt der Welt werden. Dicht am Strand waren gigantische sechsgeschossige Bettenburgen für 20.000 Urlauber geplant. Ebenfalls vorgesehen: Kuranlagen, Häfen, Läden, zwei Schwimmhallen, eine Festhalle und ein 40.000 Quadratmeter großer Aufmarschplatz. 1936 wurde mit dem Bau begonnen, doch der Krieg war schneller, und die Arbeiter wurden in Peenemünde (ab S. 65) gebraucht. Später baute die Nationale Volksarmee weiter. 2011 wurde der erste Teil von Block V zur Jugendherberge saniert. Kinderlachen vertreibt die Dämonen der Vergangenheit. Weiß sind die langen Flure, bunt wie das Leben die lichtdurchfluteten Zimmer.

Bergauf zum Jagdschloss

Von Hünengrab zu Hünengrab querfeldein gelangen Sie zur Landstraße, die Sie direkt nach **Lancken-Granitz** bringt. An der Dorfkirche vorbei queren Sie die Chaussee und erreichen schließlich die bucklige Bäderstraße, über die schon Fürst Malte zu seinem Jagdschloss ritt. Die nächsten zwei Kilometer sind die beschwerlichsten der ganzen Tour. Erst holpert es, dann geht es auch noch bergauf. Da hilft nur, mehrmals eine Verschnaufpause einzulegen. Am Gipfel tauchen endlich die Türme und Zinnen

von **Schloss Granitz** auf [18586 Lancken-Granitz, Tel. 038393-22 63. Mai-Sep tgl. 9-18, Okt-April Di-So 10-16 Uhr. Erw. € 3, Kinder € 1,50]. Der Berliner Baumeister Karl Friedrich Schinkel hatte seine Hand maßgeblich mit im kunstvollen Spiel. Über eine gusseiserne Wendeltreppe gelangen Sie die 154 Stufen hinauf zum Aussichtsplateau. Hier haben Sie den tollsten Blick auf Rügen. Über den grünen Kranz der Granitz, das zweitgrößte Waldgebiet der Insel, hinweg sehen Sie bei klarer Sicht sogar das Kap Arkona, Stralsund und die dänische Insel Møn. Eine letzte Überraschung hält das Jagdschloss im Burgkeller bereit. In der Alten Brennerei können Sie sich von Burgfräulein und Knappen kräftige Speisen und das nach angeblich überliefertem Rezept der Schlossküche gebackene Ritterbrot servieren lassen. Die Preise sind familienfreundlich. Es darf auch – wie bei den alten Rittersleut' – mit den Händen gegessen werden.

Badetrubel und Bädereleganz

Weiter geht es bergab. Gute Bremsen sind hier unerlässlich. Vor **Binz** ist noch ein Hügel zu überwinden, dann aber steht dem Vergnügen im größten und turbulentesten Seebad der Insel nichts mehr im Weg. 1848 begann Binz (S. 30) mit dem Badebetrieb und verursachte den Niedergang des fürstlichen Bades Lauterbach, das keinen so wunderbar weißen und breiten Sandstrand zu bieten hatte. Jeder Abzweig nach rechts führt Sie zur 3,2 Kilometer langen Strandpromenade, auf der bei Regen und Sonnenschein flaniert wird. Schnellzeichner, Bernsteinverkäufer, Eiswagen und Würstchenstände in maritimem

Blau-Weiß-Design säumen den Weg. Und an der Seebrücke ertönen regelmäßig Kurkonzerte.

Der Rasende Roland

Vom Binzer Kleinbahnhof können Sie mit dem **Rasenden Roland** ganz gemütlich durch die Landschaft trödeln. Vor hundert Jahren wurde die Kleinbahnstrecke von Putbus nach Binz eröffnet. Noch heute verbindet sie die Badeorte im Südosten der Insel. Der Schmalhans mit nur 750 Millimetern Spurweite bringt Sie im Blümchenpflückertempo von 30 km/h bequem nach Putbus zurück [Rügensche Bäderbahn, Bahnhofstr. 14, 18581 Putbus, Info-Tel. 03838-81 35 94, ruegenbuero@pressnitztalbahn.de, www.rasender-roland.de. Alle zwei Stunden von Binz über Putbus nach Lauterbach. Einzelfahrt: Erw. € 5,80, Kinder € 2,70, Familien € 11,40, Fahrrad € 2,50]. Der Signalton mit dem übermütig hohen Schlussakkord gehört zur Insel wie das Geschrei der Möwen. Kinder dürfen gegen Aufpreis auch vorn in der Lokomotive mitreisen (6-13 J., in Begleitung Erwachsener, 3 Tage Voranmeldung).

Mann mit Bart: ein waschechter Ostseefischer im Hafen von Lauterbach

Tour 6: Kreidefelsen, Tempelburg und die Türme vom Nordkap

Sassnitz • Putgarten • Vitt

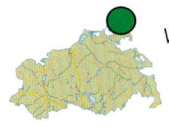

Wo: auf den Halbinseln Jasmund und Wittow im Norden der Insel Rügen • Wie: mit dem Auto, dem Schiff und/oder Fahrrad oder der Arkona-Bahn • Dauer: Tagestour • Nicht vergessen: Sonnenbrille, Sonnencreme, Badezeug und bequemes Schuhwerk

Auf diesem Ausflug lernen Sie die beiden Halbinseln Jasmund und Wittow im Norden von Rügen kennen. Die eine ist bergig und dicht mit Wald bedeckt, die andere platt und immer hart am Wind. Seebadeorte wie im Südosten werden Sie hier nicht finden, dafür viel Natur. Schroff begegnen sich Steilufer und Meer – ein Wechselbad zwischen Massentourismus und Alleingang, gleicht doch der Besuch des alten Slawenheiligtums am Kap Arkona oft einer Völkerwanderung, während die Strände der Schaabe fast menschenleer sind [Anfahrt über die neue Rügenbrücke Stralsund, B 96 über Bergen und Lietzow].

Hafenstadt Sassnitz

Sassnitz hatte seine beste Zeit um die Jahrhundertwende. Terrassenartig ist die kleine Hafenstadt in das Kreidefelsmassiv von Stubbenkammer gebaut [Tourist-Service Sassnitz, Bahnhofstr. 19a oder Strandpromenade 12, 18546 Sassnitz, Tel. 038392-64 90 oder 038392-669 45, mail@insassnitz.de, www.insassnitz.de.

Schatzgeschichten

*Lassen Sie sich auf der Seerundfahrt um die Jasmunder Kreideküste die **Piratenschlucht** zeigen. Dort soll Störtebeker der Sage nach seine Schätze verborgen haben. Eine entführte Jungfrau muss sie bewachen. Sie darf das Versteck erst nach Rückkehr des meistgefürchteten Seeräubers der Nord- und Ostsee verlassen. Der jedoch wurde längst gefangen und hingerichtet, und die Jungfrau wartet heute noch auf Erlösung.*

Bahnhofstr.: Mo-Fr 9-17 Uhr, Strandpromenade: tgl. 10-16 Uhr]. Früher war es Rügens Modebad Nummer eins. Doch die Bedürfnisse der Sommerfrischler stiegen und der Strand ist nach vergeblichen Versuchen, weißen Sand anzulanden, noch immer steinig und grau. Doch der Ausbau des Hafens mit vielen Kneipen, Restaurants und kleinen Geschäften erweckte die Stadt zu neuem Leben.

Den Hafen erkunden

Wenn Sie am kleinen **Fischerei- und Hafenmuseum** vorbeikommen, können Sie den 26 Meter langen Fischkutter am Kai inspizieren. Er gehörte bis 1990 dem ehemaligen VEB Fischkombinat Sassnitz. Als Museumsschiff zeigt er das Leben der Fischer an Bord hautnah: Anfassen und Probeliegen in der Kapitänskajüte sind erlaubt [Fischerei- und Hafenmuseum mit Museumsschiff, Stadthafen, 18546 Sassnitz, Tel. 038392-578 46, info@hafenmuseum.de, www.hafenmuseum.de. April-Okt tgl. 10-18, Nov-März Di-So 10-17 Uhr. Erw. € 3,50, Kinder € 1,50]. Auch ein echtes englisches **U-Boot** kann im Hafen besichtigt werden [www.hms-otus.com. Sommer 10-19, sonst 10-16 Uhr]. An der längsten Mole Europas (1.450 Meter) laden Fischkutter, Ausflugsdampfer und Jachten zu Touren entlang der Kreideküste ein. Einen Ausflug startet man am besten noch vormittags, wenn die großen Kreidefelsen von Rügen, die seit Caspar David Friedrichs Gemälde so berühmt sind, in der Sonne schneeweiß erstrahlen.

Ein Königsstuhl aus Kreide

Doch der 117 Meter hohe **Königsstuhl** aus 70 Millionen Jahre alter Kreide – der King unter den Kreidefelsen – beeindruckt bei jedem Licht. Wollen Sie Seine Hoheit ganz aus der Nähe betrachten, so verlassen Sie Sassnitz über die Seestraße Richtung Stubbenkammer und tauchen Sie in den größten Buchenwald der Ostseeküste ein, der 2011 von der UNESCO zum Weltnaturerbe ernannt wurde. Buchenwälder sind ein europäisches Phänomen und sie wären ohne menschlichen Einfluss landschaftsprägend. Einst umschlossen sie zwei Drittel der deutschen Landfläche. Durch Rodungen und andere Einwirkungen durch den Menschen findet man alte naturnahe Buchenwälder heute nur noch selten. Hier aber, auf Jasmund, können Sie noch

Ein Muss für alle Rügenbesucher: eine Bootstour zu den berühmten Kreidefelsen

Führungen durch den Nationalpark Jasmund

Vom großen Parkplatz in Hagen, kurz hinter Sassnitz, bietet die Nationalparkverwaltung regelmäßig und kostenlos zweistündige Führungen an, die auch Schulkinder spannend finden. Es geht zum dunklen, sagenumwobenen Hertasee, zu einem Hünengrab, zu Wällen der slawischen Hertaburg und einem Opferstein mit angeblicher Blutrinne. Die Ranger kennen viele Geschichten und vermitteln selbst geologische Fakten unterhaltsam (Infos und Buchung unter Tel. 038392-350 11).

unter einem dichten grünen Blätterdach wandern – vor allem an heißen Sommertagen ein Vergnügen.
Stellen Sie Ihr Auto am Parkplatz Nr. 5 Kreidefelsen ab, denn näher an die Kreideriffe im Nationalpark Jasmund darf kein Auto fahren, nur die Buslinien 20 und 23. Wer Lust hat, sich ein wenig die Beine zu vertreten, fährt weiter bis zum nächsten Parkplatz Hagen. Hier kann man sich den Wanderungen (Kasten oben) anschließen oder die gut ausgeschilderten drei Kilometer bis zum Königsstuhl allein erkunden. Auf dem Weg liegt der elf Meter tiefe dunkle Hertasee, in dem in heidnischer Zeit die Göttin der Erde gebadet haben soll. Nur ihr geweihter Priester durfte sie begleiten, die Sklaven aber, welche ihr zu Diensten waren, wurden danach in dem See ertränkt, weil jeder Uneingeweihte, der die Göttin gesehen hatte, sterben musste. In seiner Nähe befinden sich ein Hünengrab, Wälle der slawischen Hertaburg und ein „Opferstein", welcher mit seiner angeblichen Blutrinne Touristen schon im 19. Jahrhundert – so auch Fontanes Effi Briest – erschauern ließ.

Mit Mimi und Krax auf den Meeresgrund

Im 2.000 Quadratmeter großen **Nationalpark-Zentrum** mit spannender Naturerlebnisausstellung und Multivisionsschau kann sich jeder auf einen Streifzug durch den Nationalpark begeben [Nationalpark-Zentrum, Stubbenkammer 2, 18546 Sassnitz, Tel. 038392-66 17 66, info@koenigsstuhl.com, www.koenigsstuhl.com. Ostern-Ende Okt tgl. 9-19, sonst 10-17 Uhr. Erw. € 6, Kinder (6-14 J.) € 3, Familien € 12]. Es gibt Touren für Abenteuerlustige, für Romantiker und für Wissbegierige. Die mit Mimi der Maus und Krax dem Raben sind nur für Kinder. Mit Kopfhörern versehen, geht es virtuell durch die Ostsee, unter die Erde zu Dachs und Mäusen und in einen zauberhaften Spiegelwald. Dabei gibt es Aquarien und einen echten Eisberg zu sehen. Kinder können Findlinge stemmen und den Tieren im nächtlichen Buchenwald lauschen.

Hühnergott und Donnerkeil

Wieder draußen lockt der Kletterwald, ein 28.000 Quadratmeter großer Naturspielplatz mit Schaukeln und Murmelbahn. Allerdings braucht man auch noch Kraft für die 410 Stufen zwischen dem Königsstuhl und dem Strand am Fuße des Steilufers. Solch ein Strandspaziergang über Milliarden kleiner und kleinster Teilchen von Meerestieren, die sich einst auf dem Boden des Kreidemeeres ablagerten und deren Schalen die Grundlage der Kreide wurden (Kasten rechts), bietet Anschauungsmaterial der Erdgeschichte. Es wird gesammelt, was die Kreidefelsen hergeben: Donnerkeile, versteinerte Seeigel, urzeitliche Dickmuscheln und sonstige Fossilien.

Glasbläser und Kerzenzieher

Weiter geht es Richtung Norden. Für ein erfrischendes Bad zwischendurch bietet sich der lange **Strand der Schaabe** an. Dann fahren Sie über Altenkirchen zum großen Parkplatz in **Putgarten**. Ein guter Tipp: Besorgen Sie sich die **Kap-Karte** in der **Touristinformation**. Mit ihr gibt es zehn Prozent Rabatt bei Kremser- und Kutschfahrten, beim Einkauf auf dem Rügenhof und in den Restaurants in Putgarten und auf dem Kap. Kostenlos sind damit die Besteigung des Peilturms, des Schinkelturms und des Neuen Leuchtturms sowie der Eintritt in verschiedene Ausstellungen und Galerien [Touristinformation, Am Parkplatz, 18556 Putgarten, Tel. 038391-41 90. Tgl. 8-16, im Sommer bis 18 Uhr. Kap-Karte: Erw. € 10, Kinder € 8, Familien € 25].

Ab dem Parkplatz ist für die Besucher von Kap Arkona und Vitt autofreie Zone. Es ist auch viel lustiger, für die folgende sechs Kilometer lange Rundreise die eigenen Füße, das **Fahrrad** oder die **Arkona-Bahn** und die **Pferdekutsche** zu nutzen [Fahrradverleih Kap Arkona, Am Parkplatz, 18556 Putgarten, Tel. 0173-838 64 48, Kap-Arkona-Bahn, Tel. 038391-132 14, info@kap-arkona-bahn.de, www. kap-arkona-bahn.de. Einfache Fahrt:

Das weiße Gold des Nordens

*Nein, die Schultafelkreide stammt nicht aus Rügen, die besteht schlicht und einfach aus Gips. Die **echte Kreide** aus der Zeit der Dinosaurier begegnet Kindern schon vor der ersten Schulstunde: beim Zähneputzen in der Zahnpasta. Auch die Kacheln im Bad würden ohne Kreide nicht glänzen. Man braucht das sogenannte weiße Gold zudem in der Porzellan- und Fliesenindustrie zur Herstellung von Farben und PVC. Kreide oder auch $CaCO_3$ wird auf Rügen seit 1832 abgebaut. Nach 1945 gab es 19 Kreidewerke, heute gibt es nur noch eines in Klementelvitz. Auch für Gesundheit und Schönheit ist die Kreide Gold wert. Viele Hotels bieten spezielle Anwendungen an.*

Erw. € 2, Kinder € 0,50, Kutschfahrten: Tel. 038391-41 90]. In jedem Fall können Sie an den einzelnen Stationen so lange verweilen, wie Sie mögen. Die nächste Bahn kommt spätestens in einer halben Stunde und das Ticket behält seine Gültigkeit. Erster Haltepunkt ist der **Rügenhof Kap Arkona** [am Kap Arkona, 18556 Putgarten, Tel. 038391-40 00, kap-arkona@t-online.de, www.kap-arkona.de. Rügenladen, Dorfstr. 22, 18556 Putgarten, Tel. 038391-43 99 90. Juni-Aug tgl. 10-19, Dez-März 10-17, sonst 10-18 Uhr]. Hier kann man Töpfern, Glasbläsern und Bernsteinschleifern bei der Arbeit zusehen. Wer will, kann beim Porzellanbemalen, Töpfern und Kerzenziehen selbst Hand anlegen. Während sich Ihre Kinder noch die Ausstellung handwerklichen Geräts im Innenhof anschauen, sollten Sie Ihre Nase in den Rügenladen stecken. Hier bekommen Sie regionale Spezialitäten: Biokäse, Honig, Kräutertee, Wurst, Schinken und Fisch. Das ganze Jahr über bietet der Hof ein reiches Veranstaltungs- und Kulturangebot, das vom Handwerker-, Bauern- und Töpfermarkt über Kinder- und Gartenfeste, Straßenpartys bis zu Schlacht-, Kohl- oder Fischerfesten und Reitturnieren reicht. Für Kinder sind besonders die Streichelgehege interessant.

Die kleine Kapelle

Etwa einen Kilometer lang ist der asphaltierte Feldweg zur kleinen, weißen Kapelle oberhalb von **Vitt**. Lange hatte der Pfarrer Ludwig Gotthard Kosegarten den Fischern, die vor allem zur Heringszeit nicht zu bewegen waren, das Meer aus den Augen zu lassen, Gottes Segen in freier Natur erteilt. 1806 ließ er schließlich aus dicken Feldsteinen eine achteckige Uferkapelle erbauen, die mit weiß getünchtem Mauerwerk und hölzernen Fensterläden südliche Heiterkeit in die Landschaft bringt. Direkt hinter der Kapelle führt ein Weg hinab in das idyllische Fischerdorf, dessen dreizehn denkmalgeschützte Häuschen sich in eine Hochuferschlucht kuscheln.

Die Türme vom Nordkap

Über den Hochuferweg geht es von der Kapelle (Haltepunkt der Pferdekutschen) zu den Resten der alten **Jaromarsburg**,

beeindruckendes Zeugnis der untergegangenen Kultur der Ranen, einem kriegerischen Händlervolk, das im 6. Jahrhundert nach Rügen kam. Gleich unterhalb des Burgwalls steht ein alter Peilturm, mit dem während des zweiten Weltkriegs fremder Funkverkehr beobachtet wurde. Die beiden ungleichen **Leuchttürme** – der quadratische alte Schinkelbau [Tgl. Kernzeit 11-17 Uhr. Erw. € 2] und der lange Neue [April-Okt tgl. Kernzeit 11-16 Uhr. Erw. € 3] zeigen Wissenswertes über Leuchtfeuer, Seezeichen und Seenotrettung. Der Neue Leuchtturm bietet allerdings den besseren Ausblick. Gemütlich geht es am Ende mit der Arkona-Bahn oder dem Fahrrad zurück zum Parkplatz.

Die zwei sehr unterschiedlichen Leuchttürme am Kap Arkona

Tour 7: Raketenstation, Maleridyll und Salzhütten

Wolgast • Peenemünde • Koserow • Bansin • Heringsdorf • Ahlbeck

Wo: auf der Insel Usedom im äußersten Nordosten Vorpommerns • Wie: mit dem Auto und/oder Fahrrad und der Usedomer Bäderbahn • Dauer: Tagesausflug • Nicht vergessen: Fahrrad, Badezeug, Sonnencreme

Usedom ist eine Insel der Gegensätze. Hier ließ Hitler seine berüchtigte „Wunderwaffe" bauen, hierher emigrierten Künstler wie Otto Niemeyer-Holstein mit dem Traum von einer besseren Welt. Nach einem kleinen Einblick in diese – museal aufbereiteten – zwei Welten erwartet Sie Usedoms Meerseite: Mit dem Fahrrad geht es etwas mehr als 20 Kilometer von Koserow immer die Küste entlang bis zu den berühmten drei Kaiserbädern: Bansin, Heringsdorf und Ahlbeck (S. 31). Sie werden sehen: Die „Badewanne der Berliner" wurde in den vergangenen Jahren kräftig aufpoliert. Zauberhafte Bäderarchitektur macht den Ausflug zum ästhetischen Vergnügen, zwischendurch laden bis zu 70 Meter

Am kinderfreundlichen Strand von Bansin liegen auch Fischkutter vertäut

breite, steinfreie Sandstrände immer wieder zum Baden ein.

Tor zur Insel

Unsere Tour startet im alten Hafenstädtchen **Wolgast** vor „dem blauen Wunder", der Brücke zur Insel, wo im Stadthafen Kutter und eine hundertjährige Dampffähre vertäut liegen. Wolgast ist so überschaubar, dass ein Rundgang selbst notorischen Verweigerern von Stadtbesichtigungen zuzumuten ist. Würdevolle Hansegotik gab es nie in Wolgast, einst Residenzstadt des pommerschen Fürstengeschlechts. Bis auf wenige vornehme Putzbauten an der Burgstraße wirkt das Städtchen mit Fachwerkgiebeln eher gemütlich [Wolgast-Information, Rathausplatz 10, 17438 Wolgast, Tel. 03836-60 01 18, stadtinfo@wolgast.de, www. wolgast.de. Juni-Aug Mo-Fr 10-18, Sa 10-14, Sep-Mai Mo-Fr 9-17 Uhr].

Fürstengruft und Totentanz

Über die hölzerne Peenebrücke und durch die Kleinbrückenstraße spaziert, sind Sie in fünf Minuten im Zentrum von Wolgast angelangt. In der **St.-Petri-Kirche** führt eine schmale Treppe in die Gruft, die ab dem 16. Jahrhundert Begräbnisstätte der fürstlichen Familie war. Die kostbaren Grabbeigaben wurden vor langer Zeit gestohlen, die kunstvollen Zinksärge sind in der Herzogskapelle zu sehen. Etwas gruselig und lehrreich zugleich ist die um 1700 entstandene Bilderfolge des Totentanzes vom Reeder Caspar Siegmund Köppe. Zu guter Letzt können Sie 184 Stufen hoch zur Aussichtsplattform steigen. Laufen Sie anschließend über die Burgstraße zum Stadthafen, rechts von der blauen Brücke,

Vineta

Viel Spannung und Spaß können Sie mit Ihren Kindern bei der allsommerlichen Inszenierung der alten Sage von der versunkenen Stadt Vineta (S. 9) auf der Ostseebühne in Zinnowitz erleben: ein buntes Spektakel mit Schauspielern der Vorpommerschen Landesbühne, Eleven der Theaterakademie sowie zahlreichen Laiendarstellern. Viele Effekte aus Laser, Licht und Feuerwerk begeistern Groß und Klein.
***Vineta-Festspielbüro**, Seestr. 8, 17454 Zinnowitz, Tel. 038377-409 36, kartenservice@ theater-anklam.de, www.vineta-festspiele.de.*

in dem Schiffe zu Hafen- und Achterwasserrundfahrten einladen.

Dämonen der Vergangenheit

Nun geht's ab auf die Insel. Bei Bannemin zweigt eine Chaussee von der B 111 nach Nordwesten ab. 1936 bis 1945 experimentierte man auf dem nordwestlichen Zipfel der Insel an Hitlers ersehnter Wunderwaffe. Die Heeresversuchsanstalt **Peenemünde** war eines der modernsten Technologiezentren der Welt. Im Oktober 1942 gelang hier der weltweit erste Start einer Rakete ins Weltall. Das **Historisch-Technische Informationszentrum Peenemünde** dokumentiert multimedial die Ambivalenz dieses Ortes [Im Kraftwerk, 17449 Peenemünde, Tel. 038371-50 50, htm@peenemuende.de, www.peene

muende.de. April-Sep tgl. 10-18, Okt 10-16, Nov-März Di-So 10-16 Uhr. Erw. € 6, Kinder € 4, Familien € 16]. Für Kinder ziemlich schwere Kost. Deshalb sollen ab Sommer 2012 in jeder Abteilung der Ausstellung kindgerechte Glossare die Geschichte erklären. Unbeschwerter geht es in der **Phänomenta** [Museumsstr. 12, 14449 Peenemünde, Tel. 038371-260 66, www.phaenomenta-peenemuende.de. Mitte März-Anfang Nov u. Ende Dez-Anfang Jan tgl. 10-18 Uhr. Erw. € 7, Kinder (7-18 J.) 5 €, (3-6 J.) € 2, Familienrabatt] im ehemaligen Offizierskasino schräg gegenüber zu. Hier können Kinder zwischen Riesenseifenblasen und „Wer hebt den Trabbi?" physikalische Gesetze spielerisch ausprobieren und im Astronautentrainer ihre Tauglichkeit für die Weltraumfahrt testen. In dieser Aus-

> ### Tauchgondel
> *Durch die Fenster einer Gondel kann man 3,5 Meter unter Wasser 45 Minuten lang den Lebensraum der Ostsee kennenlernen. 3D-Filme zeigen einen Meter über dem Meeresboden Exemplare der heimischen Unterwasserwelt.* ***Tauchgondel Zinnowitz****, An der Strandpromenade, 17454 Zinnowitz, Tel. 038377-378 61, zinnowitz@tauchgondel.de, www.tauchgondel.de. Juni-Aug Mi-So 10-21, sonst 11-16 Uhr. Erw. € 8, Kinder € 5, Familien (1 Kind) € 18, (2 Kinder) € 20.*

stellung sind Anfassen und Ausprobieren ausdrücklich erwünscht, der Andrang an den über 200 Stationen ist groß.

Im Hafen von Peenemünde liegt das **größte dieselelektrisch angetriebene U-Boot** der Welt. Der Weg zu dem schwarzen Monstrum sowjetischer Bauart mit dem zärtlichen Namen Juliett ist ausgeschildert. Es ist eins von insgesamt 16 für die sowjetische Nordmeerflotte gebauten Marschflugkörper-Unterseebooten [Maritim Museum Peenemünde, Haupthafen, 17449 Peenemünde, www.u-461.de. April-Juni tgl. 10-18, Juli-Mitte Sep 9-21, Mitte Sep-Okt 10-18, Nov-März 10-16 Uhr. Einzelkarte € 6, Familien (2-4 Kinder) € 13].

Ein Maleridyll

Der Weg vom musealen Kriegsschauplatz zu einer Oase des Friedens führt nach **Koserow**. Lassen Sie Ihr Auto auf dem

Garten des Künstlers Niemeyer-Holstein

Parkplatz hinter dem Abzweig Richtung Koserow stehen, denn innerhalb der Ortschaft ist es aussichtslos, einen Parkplatz zu finden. Hier steigen Sie um aufs Fahrrad [Fahrradverleih Ortmann, Bahnhofstr. 4, 17459 Koserow, Tel. 038375-213 60] und fahren auf dem Deichweg zurück bis zum **Atelier Otto Niemeyer-Holstein** [an der B 111, 17459 Koserow, Tel. 038375-202 13, atelier-onh@t-online.de, www.atelier-otto-niemeyer-holstein.de. Mitte April-Mitte Okt tgl. 10-18, Mitte Okt-Mitte April Mi/Do u. Sa/So 10-16 Uhr. Garten: € 1,50, Galerie und Garten: Erw. € 4, Kinder € 2, mit einstündiger Führung: € 7/€ 3,50]. Ein größerer Kontrast als zwischen Peenemünde und diesem stillen Ort in Koserow ist kaum denkbar. Hierher zog 1932 der Maler aus Berlin mit jüdischer Schwiegermutter und halbjüdischer Frau, nannte das Anwesen Lüttenort und schuf eine Oase, die auch zu DDR-Zeiten Freiräume bot. Otto Niemeyer-Holstein, der erst spät Anerkennung fand, baute sein Haus um einen Berliner S-Bahn-Wagen und richtete einen südlich anmutenden Malergarten ein. In diesem wurden nicht nur Wrackteile eines Schiffes zu Gartenarchitektur.

Salzhütten und Bernsteinhexe

Zurück auf den Dammweg in Richtung Koserow geradelt, können Sie jetzt in der **Koserower Salzhütte** einkehren. Koserow war ursprünglich der ärmste der Usedomer Orte. Dagegen half auch das Aufstellen von Salzhütten am Strand nicht viel, in denen ab 1820 mit Steinsalz Hering konserviert wurde. 1987 wurden die noch erhaltenen Hütten restauriert, andere rekonstruiert. Heute lässt es sich in einer der rohrgedeckten Holzhütten

gut Fisch essen. In einer anderen, in **Uns Fischers Arbeitshütt**, werden historische Utensilien dieser Zunft gezeigt [Infos: Kurverwaltung, Hauptstr. 31, 17459 Koserow, Tel. 038375-204 15, kv-koserow@t-online.de, www.seebad-koserow.de. April/Okt Mo-Fr 9-16, Sa 9-12, Mai/Juni/Sep Mo-Fr 9-18, Sa 9-12, Juli/Aug Mo-Fr 9-18, Sa/So 9-12, Nov-März Mo-Fr 9-12.30 u. 13-16 Uhr]. Ist Ihnen der Ort zu bevölkert, schwingen Sie sich aufs Rad, denn unterwegs wird es noch andere Gelegenheiten zur Einkehr geben. Folgen Sie einfach dem Seen-Radweg-Zeichen,

Luxus-Strandkörbe

In Heringsdorf werden seit 1925 Strandkörbe hergestellt. Etwa 80 Prozent der Körbe an mecklenburg-vorpommerschen Stränden stammen von dort. Zu DDR-Zeiten mussten Hoteldirektoren genauso lange auf einen neuen Strandkorb warten wie auf ein neues Auto – zehn Jahre. Heute produziert die **Korb-GmbH Seebad Heringsdorf** *vielfältige Modelle vom Hundestrandkorb bis zum Luxusmodell mit Sitzheizung – zu besichtigen im Ausstellungsraum der Fabrik. Waldbühnenweg 3, 17424 Seebad Heringsdorf, Tel. 038378-228 32, info@korbwerk.de, www.korbwerk.de. Führungen durch die Strandkorbfabrik: Ostern bis Herbstferien Do 10-12 Uhr, ansonsten auf Anfrage.*

Promenadenhalle Zinnowitz

*Ein kunterbuntes Haus für die ganze Familie mit Lift-Café, das 25 Meter hoch über den Meeresspiegel steigen kann und dabei einen herrlichen Ausblick über das Meer bietet. Spannend sind auch die Aquarien, das Koi-Becken und das 3D-4D-5D Kino. Im Sommer findet täglich ab 19 Uhr eine Kinderdisco mit Animateur statt, für die Eltern kostet derweil ein Cocktail nur € 5. Ab 20 Uhr kann dann die ganze Familie das Tanzbein schwingen. Im Familienrestaurant „Hundertmeister" essen Kinder, wenn Mama oder Papa einen Hauptgang bestellen, gratis. **Promenadenhalle Zinnowitz**, Neue Strandstr. 30a, 17454 Zinnowitz, Tel. 038377-373 36, www.promenadenhalle. de, info@promenadenhalle.de. April Do-Mo 10-19, Mai-Okt tgl. 10-19, Nov-März Fr 15-19, Sa/So 11-19 Uhr.*

zunächst über den Koserower Hochuferweg. Der Weg bleibt bis Bansin „bergig". Gleich hinter Koserow beginnt Usedoms höchste Erhebung, der 60 Meter hohe Streckelsberg. Vor ihm im Meer soll einst die sagenhafte Stadt Vineta (Kasten S. 9) gelegen haben. Wenn es scheint, als wolle der Waldweg geradezu im Wasser münden, haben Sie den **Kölpinsee** erreicht. Nun noch ein paar kräftige

Tritte in die Pedale und dann sind Sie schon in Ückeritz.

Ein Piratenspielplatz

Noch gut sieben Kilometer über Berg und Tal, dann rollen Sie direkt auf die schneeweiße Prachtstraße **Bansins**, die Bergstraße. Bansin ist das kleinste und jüngste der drei Usedomer Kaiserbäder, die wegen ihrer schönen Strände (S. 31) und ihrer Bäderarchitektur als renommierte Badeorte Karriere machen. Unübertroffen ist die Fülle der Stile und Bauformen, die Sie sich ganz bequem an der etwa acht Kilometer langen Uferpromenade über Heringsdorf bis nach Ahlbeck erradeln können. Um auf die Strandpromenade zu gelangen, biegen Sie bei nächster Gelegenheit links ab. Die Lindenpromenade Bansins geht nahtlos in die Flaniermeile von **Heringsdorf** über. Kinder wird es am Ortseingang zum Piratenabenteuerspielplatz ziehen. Nächste Attraktion ist die längste Seebrücke Kontinentaleuropas. Die moderne Konstruktion aus Glas, Stahl und Beton schiebt sich 508 Meter weit über das Meer. Im Freiluftwandelbereich können Sie shoppen, Kaffee trinken und Eis essen. An der Grenze zu **Ahlbeck** bietet an kühleren Tagen die wohltemperierte **Usedomer Ostseetherme** (S. 31, 96) Ersatz für Ostseebadespaß. Zurück nach Koserow bringt Sie die **Inselbahn**, die vom Ahlbecker Bahnhof abfährt [Usedomer Bäderbahn, Am Bahnhof 1, 17424 Seebad Heringsdorf, Tel. 038378-271 32, UBBGmbH@t-online.de, www.ubb-online.com. Tgl. 9-18 Uhr, im Sommer halbstündlich, sonst stündlich. Erw. € 6, Kinder (6-14 J.) € 3,50, Familientageskarte € 17, Fahrrad € 4,50].

Tour 8: Zu Wölfen, Fischen, Pferden und Vorfahren

Güstrow • Groß Raden

Wo: im Landesinnern, zwischen Mecklenburgischer Schweiz und Seenplatte • Wie: mit dem Auto • Dauer: je nach Länge der Badepause Dreiviertel- bis Ganztagestour • Nicht vergessen: Badezeug, Kreiskarte Güstrow

Nach **Güstrow** – so ziemlich in der Mitte des Landes zwischen Mecklenburgischer Schweiz und Seenplatte – reist man in der Regel, um das Schloss zu sehen, eine heitere deutsch-französisch-italienische Architektursynthese, in der die Fürsten von Mecklenburg-Güstrow und zwischendurch auch einmal Wallenstein residierten und die als der bedeutendste Renaissancebau Norddeutschlands gilt. Auch Verehrer der Kunst von Ernst Barlach zieht es nach Güstrow. Spazieren Sie durch den Schlossgarten und schauen Sie um die Ecke in den Dom, der neben einer Fülle mittelalterlicher Kunst und Renaissancewerken Barlachs berühmten Bronzeengel birgt. Dann aber gilt das Vergnügen vor allem den kleinen Touristen: im Güstrower NUP bei Wölfen, Bären und Fischen, auf einer Pferdefarm, beim Baden im Sternberger See und in einer slawischen Tempelburg.

Barlachstadt Güstrow

Es gibt wohl kaum einen anderen Ort, der einem Barlach so nahe bringt wie die nördliche Seitenkapelle des Doms,

Norddeutsches Krippenmuseum

*In der mittelalterlichen Güstrower **Heilig-Geist-Kirche** ist das ganze Jahr über Weihnachten. Die Hamburgerin Mechthild Ringguth hat in über vier Jahrzehnten mehr als 350 Weihnachtskrippen aus etwa 60 Ländern zusammengetragen. Am schönsten wirkt diese Schau zur dunklen Tagesstunde, wenn die Krippen beleuchtet sind. Heiligengeisthof 5, 18273 Güstrow, Tel. 03843-46 67 44, info@norddeutsches-krippenmuseum.de, www.norddeutsches-krippenmuseum.de. 1. Advent-Mitte Jan u. Juni-Sep tgl. 10-17, Mitte Jan-Mai u. Okt/Nov Di-So 11-16 Uhr. Erw. € 2,50, Kinder € 1,50, Familien € 5.*

in deren Dunkel die schwere Bronzegestalt des Schwebenden die Blicke der Besucher bannt [Touristinformation, Franz-Parr-Platz 10, 18273 Güstrow, Tel. 03843-68 10 23, info@guestrow-tourismus.de, www.guestrow-tourismus.de. Mo-Fr 9-19 (Okt-April bis 18), Sa 10-17 (Okt-April bis 16), So/Feiertag 11-17 (Okt-April bis 16) Uhr. Stadtführungen: April-Okt tgl. 11 Uhr. Erw. € 4,50, Kinder € 2,25]. Schon 1937 provozierte die Skulptur das NS-Regime. Barlach, als entartet erklärt, gehörte bald zu den meistverfemten Künstlern Mecklenburgs. Der Erstguss dieses Mahnmals gegen den Krieg wurde von den Nationalsozialisten für Kriegszwecke eingeschmolzen. Seit 1952 schwebt der Bronzeengel als Drittguss wieder in den Mauern des ältesten Gebäudes von Güstrow. 1226 gestiftet, wurde der **Dom** erst nach einer Bauzeit von über hundert Jahren geweiht [Domplatz, 18273 Güstrow, Tel. 03843-68 24 33, dom-guestrow@kirchenkreis-guestrow. de, www.dom-guestrow.de. April-Mitte Mai Di-Sa 10-12 u. 14-16, Mitte Mai-Mitte Okt Mo-Sa 10-17, Mitte Okt-Mitte Nov Di-Sa 10-12 u. 14-16, Mitte Nov-März Di-Sa 11-12 u. 14-15, ganzjährig So 11-12 u. 14-15 oder 16 Uhr. Eintritt frei].

Stadtmuseum

*Das **Stadtmuseum Güstrow** stellt u. a. den 1785 in der Stadt geborenen Maler Georg Friedrich Kersting vor. Man erfährt, dass Wallenstein einst im Güstrower Schloss residierte oder Hans Albers' Karriere in dieser Stadt begann, und kann mittelalterliche Wasserleitungen und einen Opferstock bestaunen. Franz-Parr-Platz 10, 18273 Güstrow, Tel. 03843-76 91 20, stadtmuseum@guestrow.de, www.guestrow.de. Okt-April Mo-Fr 9-18, Sa 10-16, So 11-16 Uhr, Mai-Sep 1 Std. länger. Erw. € 3,50, Kinder (6-16 J.) € 1,50, Familien € 7.*

Hoch zu Ross

*Sollte Ihre Familie mehrheitlich aus Pferdeliebhabern bestehen, machen Sie einen Abstecher nach Ganschow. Das große Gestüt hat einen guten Namen für die Aufzucht von edlen Trakehnern und Mecklenburger Warmblütern und ist ein beliebter Ort für Kinderurlaub im Sattel. Ein Blick in die Stallungen ist auch ohne Anmeldung erlaubt, ein kurzer Anruf vorher sichert die Möglichkeit für einen Ausritt hoch zu Ross oder auf einem Pony. **Gestüt Ganschow**, 18276 Ganschow, Tel. 038458-202 26, gestuet-ganschow@t-online.de, www.gestuet-ganschow.de. Die beste Zeit für Besuche: tgl. 13-16 Uhr. Führung (1 Std.): pro Person € 4, Gruppen unter 10 Pers. zahlen eine Pauschale von € 40.*

Neben Schloss und Dom prägt nur wenige Schritte weiter die **Pfarrkirche St. Marien** das Stadtbild. Gehen Sie über den Domplatz, an der Ecke zur Kerstingstraße vorbei am ältesten Schulbau Mecklenburgs, der Domschule aus dem 16. Jahrhundert, und Sie gelangen zum Marktplatz. Das Rathaus und die Pfarrkirche in der Mitte des Platzes sind umgeben von barocken und klassizistischen Bürgerhäusern. Der griechische Mathematiker Archimedes in Bronze sitzt neben der Kirche. In St. Marien begegnet Ihnen Ernst Barlach noch einmal in Form eines kleinen Reliefs, des Engels der Hoffnung.

Zu den Wölfen

Sollte der kurze Kulturtrip in Güstrows Altstadt Ihre Sprösslinge doch ein wenig gelangweilt haben – jetzt beginnt das Familienprogramm. Folgen Sie dem Wegweiser zum **Natur- und Umweltpark** [Verbindungschaussee, 18273 Güstrow, Tel. 03843-246 80, info@nup-guestrow.de, www.nup-guestrow.de. April-Okt tgl. 9-19, Nov-März tgl. 9-16 Uhr. Erw. € 8,50, Kinder (3-16 J.) € 4, Familien € 21, Hunde an der Leine € 4]. Hier lebt in einem 18.000 Quadratmeter großen Gehege das größte Wolfsrudel Mecklenburgs fast wie in freier Wildbahn. Der Weg dorthin ist etwa zwei Kilometer lang. Es lohnt sich,

für die Kleinen und das Gepäck gleich am Eingang einen Bollerwagen zu mieten. Zunächst geht es über den Tastpfad, auf dem in Holzkästen blindlings Tierisches wie Felle und Geweih erfühlt werden kann. Weiter spazieren Sie durch das Wildfreigehege, in dem Sie, da hier kein Zaun Tier und Mensch trennt, plötzlich einem kapitalen Hirsch ins Auge schauen können, und gelangen schließlich zur 110 Meter langen Holzbrücke über dem Wolfsgehege. Ungezähmt lagert Familie Isegrim gern abseits der Menschen. Doch da das Futter gleich nahe der Brücke deponiert wird, kommen die Wölfe immer wieder zum Vorschein, dösen, spielen und kämpfen. Wer sie heulen hören will, muss zu einer der Nachtwanderungen wiederkommen, bei denen es

Im Gestüt Ganschow (Kasten links) warten geduldige Ponys auf einen Ausritt

auch in den Eulenwald geht. Bärenstarke Erlebnisse sind übrigens auch der Waschbärenwald und das mit drei Hektar größte Bärengehege Deutschlands, in dem Sie den Braunbären Fred und Frode begegnen können. Ganz Mutige lockt die geheimnisvolle Bärenhöhle zur Entdeckungsreise. Der schließen sich die Gehege der heimischen Raubtiere an. Über Kletterpfade in Baumwipfelhöhe und durch Höhlengänge gelangt man zu den vielen Gehegen der Raubtier-WG.

Zu den Fischen

In den WiesenWelten sind auch kleine Tiere ganz groß. Im „Spinnenhaus" kann man sie buchstäblich unter die Lupe nehmen. Gigantische Insekten umgeben draußen ein riesiges (Kletter-)Spinnennetz. Der NUP bietet sich auch als Freilandlabor an. Mit Isomatte und Lupenglas durchs Gelände robbende Kindergruppen sind hier keine Seltenheit. Alles, was so auf den Wiesen in der Flussniederung der Nebel kreucht und fleucht, wird ganz aus der Nähe beobachtet, auch Frösche, Spinnen und Heuschrecken. Allerdings muss man sich zu solchen Aktionen anmelden. Jederzeit gelangt man zu den Fischen. Große Unterwasserschaufenster ermöglichen den Blick in die heimische Wasserwelt. Ganz allmählich steigen Sie in den Seitenarm des Flusses Nebel, bis sich die Wasserdecke einen Meter über dem Aquatunnel schließt.

Eine slawische Tempelburg

Machen Sie nun einen Zeitsprung von etwa 1.000 Jahren. In **Groß Raden**, nahe der Stadt Sternberg, etwa 26 Kilometer von Güstrow entfernt, ist ein altslawischer Tempelort wiederauferstanden. Das Auto müssen Sie unten im Ort stehen lassen. Wenn Sie Glück haben, bringt Sie eine Pferdekutsche die etwa anderthalb Kilometer in die **Slawensiedlung**. Auf halber Strecke zeigt ein Museum Funde von Ausgrabungen in den 1970er-Jahren. Vor allem Stücke aus Holz, Leder, Knochen und Stoffresten haben sich im Moorboden außergewöhnlich gut erhalten. Die Archäologen fanden einen Einbaum, hölzerne Schalen, geschnitzte Löffel, knöcherne Kämme, Schuhe und Tongefäße. Vorräte von Hirse und Haselnüssen verraten, womit sich die Bewohner gegen lange Winter wappneten. In der „Schatzkammer" wird erstmals der

Wer hat Angst vor dem Wolf?

Oldtimer-Museum

Auf dem Weg zum slawischen Tempelort in Groß Raden kommen Autofans auf ihre Kosten: bei einem Abstecher ins **Oldtimer-Museum***. In einem alten Getreidespeicher sind zahlreiche Fahrzeuge der jüngeren Vergangenheit ausgestellt. Ältester Wagen ist ein Ford von 1931. Auch viele Vehikel, die einst über die Straßen der DDR fuhren, wurden noch einmal aufpoliert. Die obere Etage füllt die Sammlung der Motorräder. Veteranen sind ein Fox-Motorrad, Baujahr 1924, und ein Rad von 1927. Ein Exemplar des ersten DDR-Motorrollers Pitti von 1956 erfreut die Fans ebenso wie eine Dieselzapfsäule. Dorfstr. 2 a, 19406 Groß Raden, Tel. 03847-31 18 05, kontakt@oldtimermuseum-grossraden.de, www.oldtimer museum-grossraden.de. Mai-Okt tgl. 11-16, Nov-April Sa/So 11-16 Uhr. Erw. € 3, Kinder (7-10 J.) € 2, Familien € 6.*

jüngst bei Anklam entdeckte slawische Silberschatz präsentiert: Münzen persischer und arabischer Herkunft, die um 600 als sogenannte Gewichtsmünzen geprägt wurden. Nach dem Museumsbesuch geht es durch dichten Laubwald zur Slawensiedlung. Über einen Holzsteg gelangen Sie schließlich auf eine Halbinsel, auf der im Maßstab 1:1 wiedererstand,

was bei den Ausgrabungen in Resten gefunden wurde. Ob Bohlenweg, Flechtwand- und Blockhäuser, Ringwall oder Tempel – Sie sehen Zeugnisse der beiden Siedlungsphasen im 9. und 10. Jahrhundert – alle auf wissenschaftlicher Basis rekonstruiert. Dort, wo eine Handdrehmühle lag, steht wieder das Mahlhaus; wo alte Kuppelöfen freigelegt wurden, wird wieder Brot gebacken. Spannend ist die Erkundung der Tempelburg durch das nachgebaute Tunneltor. Groß Raden war das religiöse Zentrum der Warnower, eines Teilstamms der Obodriten, die Westmecklenburg und Ostholstein besiedelten. Aus unbekannten Gründen wurde die der Tempelburg vorgelagerte Siedlung im 10. Jahrhundert verlassen. Heute wachsen im Museumsgarten wieder alte Nutzpflanzen wie Hirse, Einkorn, Emmer und Roggen. Auch Kräuter- und Gemüsesorten wie Senf, Dill und Sellerie können Sie mit Ihren Kindern entdecken. Im Dorfzentrum steht der Tempel, ringsum stilisierte Götterbilder. In den Häusern zeigen kleine Ausstellungen alte handwerkliche Techniken. Mit der nachgebildeten Handdrehmühle darf ausprobiert werden, wie mühsam es einst war, aus Korn Mehl zu machen. Ein Museum zum Anfassen können Sie bei vielen Veranstaltungen im Sommer erleben. Dann wird slawisches Leben pur inszeniert. Brot wird in Lehmöfen gebacken, Hirsebrei gekocht. Kinder können spinnen, weben, töpfern, nähen oder ein Messer schmieden [Archäologisches Freilichtmuseum Groß Raden, Kastanienallee, 19406 Sternberg. Tel. 03847-22 52, www.kulturerbe-mv.de. April-Okt tgl. 10-17.30, Nov-März Di-So 10-16.30 Uhr. Erw. € 2,50, Kinder (6-18 J.) € 1,50, Familien € 5].

Tour 9: Ein Märchenschloss und Steingeheimnisse

Schwerin

Wo: in Schwerin im Westen Mecklenburgs • Wie: zu Fuß und/oder mit dem Fahrrad und einer Oldtimer-Fähre • Dauer: Halbtages- bis Tagestour • Nicht vergessen: Badezeug*

Dieser Tag in der Landeshauptstadt **Schwerin** wird Sie mit dem pompösesten Schloss Mecklenburgs und mit einem wesentlichen Merkmal des mecklenburgischen Hinterlands bekannt machen: Auch hier gibt es Wasser, Wasser, Wasser. Mindestens sieben Seen perforieren den Grundriss der ältesten Stadt Mecklenburgs, ein Viertel der Stadtfläche nehmen Gewässer ein, von denen der Schweriner See mit 60 Quadratkilometern zu den vier größten Seen Deutschlands zählt. Neben hutzligen Fachwerkhäuschen werden Sie tiefroter Backsteingotik, weißem Klassizismus und großartigem Historismus begegnen. Und zum Abschluss locken die jüngeren Touristen noch ein Besuch im Tierpark und vielleicht ein erfrischendes Bad im Schweriner See [Touristinformation, Am Markt 14, 19055 Schwerin, Tel. 0385-592 52-12, info@schwerin.info, www.schwerin.info. Mo-Fr 9-18, Sa/So 10-16 Uhr. Hier erhalten Sie auch das Schwerin-Ticket (Erw. € 5, Kinder € 3) mit vielen Ermäßigungen für Stadtrundgang, Schlossmuseum und einen kostenlosen Turmaufstieg im Dom].

Ein Fall für Kunstfreunde

Kunstliebhaber sollten auf jeden Fall die Schweriner Kunstsammlungen besuchen. Christian II. Ludwig begründete die große Kunst- und Raritätensammlung in der ersten Hälfte des 18. Jahrhunderts mit der Holländerkollektion. Heute ist die Sammlung aus dem Goldenen Zeitalter der holländischen Malerei mit 550 Gemälden die umfangreichste Deutschlands. Fast alle bedeutenden Maler dieser Epoche sind vertreten. Das 19. Jahrhundert repräsentiert u. a. Caspar David Friedrichs berühmtes Winterbild. Weiterhin finden Sie Werke von Künstlern wie Max Liebermann und Lovis Corinth. Das Erdgeschoss ist dem 20. Jahrhundert vorbehalten. **Staatliches Museum Schwerin,** *Alter Garten 3, 19055 Schwerin, Tel. 0385-59 58-0, info@museum-schwerin.de, www.museum-schwerin.de. Mitte-April-Mitte Okt Di-So 10-18, Do 12-20, Mitte Okt-Mitte April Di-So 10-17, Do 13-20 Uhr. Eintritt (inkl. Audioguide): Erw. € 8, Kinder (ab 6 J.) € 6, Familien € 16.*

Petermännchens Rundfahrt

Um sich einen Überblick über Ihren späteren Spaziergang verschaffen zu können, erklimmen Sie am besten die 220 Stufen zum Ausguck im 117,5 Meter hohen Schweriner **Domturm** mitten in der Altstadt [Am Dom, 19055 Schwerin, Tel. 0385-56 50 14, dom-schwerin@ kirchenkreis-wismar.de, www.dom-schwerin.de. Mai-Okt tgl. 10-17, Nov-April tgl. 11-14 Uhr. Turmbesteigung: € 2]. Der Dom ist einer von vieren, die Heinrich der Löwe im 12. Jahrhundert erbauen ließ, und wurde 1248 – 76 Jahre nach der Grundsteinlegung – eingeweiht. Der Herr mit dem tierischen Beinamen gründete die Stadt: eine Erklärung für den edlen Löwen aus Bronze an der Westseite des Doms und einen zweiten aus Stein unten auf dem Marktplatz. Wie eine antike Kulisse wirkt das schneeweiße klassizistische Neue Gebäude vor dem dunklen Domgemäuer, das einst nichts anderes war als die vornehme Fassade einer Markthalle. Der altstädtische Marktplatz vor dem Rathaus ist ein Touristentreffpunkt. Von hier aus können Sie ganz bequem entweder mit **Petermännchens Stadtrundfahrt** oder auch zu Fuß die Stadt erkunden [Petermännchens Stadtrundfahrt, Karl-von-Linde-Str. 2, 19061 Schwerin, Tel. 0385-658 00, info@peter maennchen-stadtrundfahrten.de, www. petermaennchen-stadtrundfahrten.de. Start ab Markt: tgl. 10.30, 12.30, 14 und 15.30, im Winter Sa 12.30 und 14 Uhr, Dauer ca. 1 Std. Erw. € 8, Kinder (bis 14 J.) € 3,50]. Wer aber einen Besuch des mit seiner goldenen Kuppel alles überstrahlenden Schlosses nicht abwarten kann, folge einfach der Puschkin- und der Schloßstraße. Vorbei an der Dreiflü-

Thron und Thronsaal aus dem 18. Jahrhundert im Schweriner Schloss

gelanlage des Kollegiengebäudes (heute Staatskanzlei), dann am neobarocken Theater und dem imposanten Treppenfreischwung des **Kunstgeschichtlichen Museums** (Kasten links) können Sie es gar nicht erst verfehlen.

Neuschwanstein des Nordens

Endlich einmal ein **Schloss** wie aus dem Märchen, so wie es sich jedes Kind erträumt: mit vergoldeten Türmchen, Giebeln und Erkern, mit vielen Winkeln und Ecken, mit einem echten Thron und – einem Schlossgeist. Hier könnte Aschenputtel glatt ihren Schuh verloren haben. Niklot, der Stammvater des mecklenburgischen Herrscherhauses, des ältesten Deutschlands, reitet als Standbild in vorderster Front, beschützt hoch oben auf der vergoldeten Prunkkuppel vom Erzengel Michael. Im Grunde setzt sich das fürstliche Ensemble aus Teilen verschiedener Epochen zusammen: Aus der Spätgotik stammt das Bischofshaus, aus der Renaissance die seeseitigen Anbauten und die Schloss-

Auf der Insel im Schweriner See liegt ein Schloss wie aus dem Märchen

kapelle. Ausschlaggebend für den imposanten Gesamteindruck jedoch ist der Historismus des 19. Jahrhunderts, dem Friedrich Franz hier Flügel verlieh. Architekten waren der Hofbaurat Adolph Demmler und Hermann Willebrand. Als lang gestreckte Version von Schloss Chambord an der Loire wurde das **Schweriner Schloss** zum Neuschwanstein des Nordens und zählt heute zu den bedeutendsten Bauwerken des Historismus [Schlossmuseum Schwerin, Lennéstr. 1, 19053 Schwerin, Tel. 0385-525 29 20, info@schloss-schwerin.de, www.schloss-schwerin.de. Sommer tgl. 10-18, Winter Di-So 10-17 Uhr. Führungen 11 u. 13.30 Uhr. Erw. € 6, Kinder € 2,50, Familien € 10].

Das Petermännchen

Etwa 600 Räume besitzt das Schloss, welches heute Domizil des Landtags und gleichzeitig ein Museum ist. Etwa 30 davon können öffentlich besichtigt werden. Der größte Hit für Kinder ist der prachtvolle Thronsaal mit einem echten Thron aus dem 18. Jahrhundert. Der vergoldete und mit rotem Samt bezogene Sessel mit Halbkrönchen über der Rückenlehne ist märchenhaft schön, doch – zugegeben – haben Sie sich so ein Ding nicht auch um einiges pompöser vorgestellt? Im Treppenhaus zeigt sich, was es nie gab (oder vielleicht doch?) – der Schlossgeist. Petermännchen heißt er, trägt einen wagenradgroßen Schlapphut mit langer Feder, hohe Stulpenstiefel und einen Knebelbart. Er soll der gute Geist der Stadt sein, der Stoff unzähliger Legenden, dem man schon im 17. Jahrhundert auf einer Schranktürfüllung Gestalt gab.

Buttern wie bei Muttern

Etwa drei Kilometer von Zippendorf entfernt, direkt am Südufer des Schweriner Sees, zeigt inmitten blühender Kräutergärten und weidender Schafe ein Dorfmuseum mit Dorfschule, Hirtenkaten und Backofen altes dörfliches Leben aus dem 17. bis Anfang des 20. Jahrhunderts. In den Sommerferien ist mittwochs ab 10 Uhr Aktionstag: Da kann man u. a. buttern wie bei Muttern, alte Kinderspiele neu entdecken oder Vogelscheuchen basteln. **Freilichtmuseum Mueß**, *Alte Crivitzer Landstr. 13, 19063 Schwerin, Tel. 0385-20 84 10, www.schwerin.de. April-Sep Di-So 10-18, Okt-März Di-So 10-17 Uhr. Erw. € 3, Kinder € 2.*

Das Geheimnis der Steine

Wechseln Sie die Perspektive, schauen Sie sich das Schloss einmal vom Wasser aus an und schippern Sie mit einem Boot ein paar Runden über den Schweriner See. Die **Weisse Flotte** bietet verschiedene Touren an [Anleger Schloss, Werderstr. 140, 19055 Schwerin, Tel. 0385-55 77 70, info@weisseflotte schwerin.de, www.weisseflotteschwerin.de]. Auf jeden Fall ist der Schlosspark einen Spaziergang wert. Schlendern Sie über die alte Drehbrücke. Der Weg durch den blühenden barocken Garten führt Sie am Ende zur **Schleifmühle**, einer alten Wassermühle, in der bis vor etwa

150 Jahren Steine zersägt, geschliffen und poliert wurden. Hier entstanden von 1755 bis 1857 Treppenstufen, Wandtäfelungen, Denkmalsockel und viele dekorative Gegenstände auch für das Schweriner Schloss. Seit in den 1980er-Jahren die Anlage zum Museum rekonstruiert wurde, wird mit Steinsäge und Schleifeinrichtung demonstriert, wie aus grauen Findlingen Glanzstücke werden. Wenn Sie für einen kleinen Obolus eine Achatgeode kaufen und öffnen lassen, wird es spannender als beim Knacken eines Überraschungseis: Die äußerlich unscheinbaren Steineier erstaunen mit einer kristallinen, glitzernden Innenwelt [Schleifmühle und Mühlencafé, Schleifmühlenweg 1, 19061 Schwerin, Tel. 0385-56 27 51, schleifmuehle@prohistoria.de, www.schleifmuehle-schwerin.de. April-Nov tgl. 10-17 Uhr. Erw. € 3, Kinder € 2, Familien € 7].

Schlossgeist Petermännchen: Gibt es ihn tatsächlich?

Bärengehege und Badestrand

Wer jetzt noch gut zu Fuß ist, kann vom Schlossgarten den Franzosenweg entlanglaufen, oder man leiht sich schon vorsorglich ein Fahrrad [Fahrradverleih: Touristinformation oder Fahrrad Rachow, Tel. 0385-56 57 95 u. 56 57 84, www.fahrradrachow.de]. Nach einem Spaziergang von etwa vier Kilometern am Ufer des Sees gelangen Sie zum **Zoo**. Da mehr als 700 Tiere in dem Endmoränengebiet mit uralten Bäumen und Moorflächen anzuschauen sind, sollten Sie sich Zeit dafür nehmen. In einer Bärenanlage im Wald leben Braunbären und Wölfe. Streichelzoo und Ponyreiten sorgen für hautnahen Tierkontakt. Spielerisch wird Wissen über Fauna und Flora vermittelt. Und keine Angst, wenn Sie Präriehunde begegnen, die dürfen mit Billigung der Zooleitung auf den Wegen spazieren gehen [Zoo Schwerin, An der Crivitzer Chaussee 1, 19061 Schwerin, Tel. 0385-39 55 10, info@zoo-schwerin.de, www.zoo-schwerin.de. Feb/März tgl. 10-16, April-Mitte Okt Mo-Fr 9-17, Sa/So 9-18, Mitte Okt-Nov Mo-Fr 9-16, Sa/So 9-17, Nov-Jan tgl. 10-15 Uhr. Erw. € 8, Kinder (3-16 J.) € 4, Familien € 21, Hunde € 2,50]. Wollen Sie Ihre Kinder wieder aus dem Tierpark locken, versuchen Sie es mit der Aussicht auf ein Bad im **Schweriner See**. Etwa einen Kilometer entfernt liegt der Strand von Zippendorf. Von hier aus ist die Rückkehr nach Schwerin am schönsten mit einem Schiff der Weissen Flotte (S. 77). Wer die letzte Fähre verpasst hat, nimmt die Straßenbahnlinie 1 oder 2 zurück in die Stadt.

Tour 10: Ein Schloss voller Pappmaschee

Ludwigslust • Glaisin • Dömitz • Klein Schmölen

Wo: von Ludwigslust im Südwesten von Mecklenburg bis an die Elbe • Wie: mit Auto und Fahrrad • Dauer: Halbtagestour • Nicht vergessen: einen Plan vom Schlosspark Ludwigslust und einen Picknickkorb

Die letzte Tour führt Sie noch einmal ins Landesinnere. Zwischen der alten Residenzstadt Ludwigslust und dem Naturpark Mecklenburgisches Elbetal versteckt sich eine Landschaft, die man die Griese Gegend nennt. Das lässt an Nebel und Eintönigkeit denken. Dabei sind die Wiesen dieser Landschaft ganz sicher grasgrün. Die Griese Gegend ist eine ehemalige Heidelandschaft mit sandigen Wegen, schmalen Feldstreifen, ausgedehnten Kiefernforsten, alten Eichen, großen Dörfern und kleinen Höfen. Nur die Erde ist auffallend grau. Regen hat den leichten Sandboden ausgewaschen. Das machte das Land arm, Landarbeiter wanderten aus und noch heute ist es eher karg besiedelt. Aber man schuf sich Glanzpunkte, deren schönster die Schlossanlage von Ludwigslust ist. Von dem mecklenburgischen Versailles führt Sie der Weg durch ein hübsches Dorf und in die Kasematten der Festung Dömitz. Mit dem Fahrrad geht es schließlich am Elbufer entlang. Und wenn Sie am Ende dieses Ausflugs die größten Wanderdünen Europas bestie-

gen haben, dann liegt Ihnen ein schönes Stück vom „Land der tönenden Stille", wie es der Dichter Johannes Gillhoff nannte, zu Füßen.

Das mecklenburgische Versailles

Die kleine Stadt **Ludwigslust**, 35 Kilometer südlich der Landeshauptstadt Schwerin, war 80 Jahre lang Residenz der Herzöge von Mecklenburg-Schwerin [Touristenbüro, Schloßstr. 36, 19288 Ludwigslust, Tel. 03874-52 62 51, info@ stadtludwigslust.de, www.stadtludwigs

Schilf-Erlebnispfad Lübtheen

Wohin man sieht, nichts als Schilf – vor wenigen Jahren lag hier noch eine Wiese, auf der Heu gewendet wurde. In hundert Jahren wird auf dem zwölf Hektar großen Gebiet vielleicht ein Wald wachsen. Was geschieht, wenn der Mensch nicht in den Lauf der Natur eingreift, kann man auf einem 500 Meter langen **Erlebnispfad** *erfahren, der durch die Landröhrichtfläche führt. Heute ist das Biotop ein Lebensraum für seltene und geschützte Tierarten wie Rohrschwirl, Rohrsänger und Ringelnatter.*

Die große Wasserkaskade am Schloss Ludwigslust

lust.de. Jan-April u. Mitte Sep-Dez Mo-Fr 10-12 (Mo/Do 13-16, Di 13-18), Mai-Mitte Sep Mo-Fr 10-18 (Mi nur bis 12), Sa/So 10-15 Uhr].
1756 hatte Friedrich der Fromme den Hof von Schwerin in die Griese Gegend verlegt. Ludwigslust ist eine ideale Stadt, auf dem Reißbrett entworfen von Johann Joachim Busch. Schnurgerade führt die Schloßstraße dieses mecklenburgischen Versailles im rechten Winkel zum kopfsteingepflasterten Platz zwischen Schloss und großer Kaskade.

Kräftig rauscht der breite Wasserfall. In seiner Mitte thronen zwei Flussgötter aus Sandstein, Sinnbilder der Flüsse Rögnitz und Stör, aus denen durch einen 28 Kilometer langen Kanal die Wasserspiele im Schlosspark gespeist werden. Bevor Sie am bronzenen Landesfürsten Friedrich vorbei das Schloss betreten, spazieren sie erst noch ein Stück über die Schloßstraße. Hier könnten Sie im Straßencafé einkehren oder aber im vornehmen Landhotel de Weimar dinieren.

Nicht von Pappe – oder doch?

Bevor Sie das **Schloss** besuchen, muss leider gesagt werden: Hier gibt es weder Schlossgeister noch Geheimtüren oder verborgene Treppen, vor allem aber keine Filzpantoffeln. Aber wenn es je einen Ort gegeben hat, an dem das geflügelte Wort vom Schein, der mehr bedeutet als das Sein, entstanden ist, dann muss es hier gewesen sein. Um den Traum von Versailles nicht wegen chronischen Geldmangels aufgeben zu müssen, erinnerte man sich hier

Die ehemalige Schlosskirche

*Das **Gotteshaus von Ludwigslust** ließ Friedrich der Fromme noch vor dem Schlossbau errichten. Doch der Teufel steckt im Detail. Die Kirche liegt – genau in der Hauptachse des Schlosses – nicht wie üblich geostet, sondern in Nord-Süd-Ausrichtung. Ihr Innenleben ist ebenfalls eine fulminante Inszenierung aus Pappmaschee.*

der Vielseitigkeit des Pappmaschees. Wenn Sie nun durch die goldene Pracht des Schlosses wandeln, hüten Sie sich, Ihren Augen zu trauen: Ornamente an Decken, Türen und Möbeln, Reliefbilder, Konsolen, Skulpturen – alles gepresst und geklebt aus den Akten der Steuerstuben. Und alles ist dabei so täuschend echt wie feinster Marmor, Stuck, Elfenbein, Porzellan oder Metall. Auch die scheinbar marmorne Venus von Medici – nur getrockneter Brei aus Papier. Selbst die glänzende Pracht im goldenen Prunksaal wurde Schnipsel für Schnipsel, Schicht für Schicht geklebt und geformt, dann hauchdünn mit Blattgold überzogen und mit einem Achat poliert. Einst sollen sogar Statuen und Büsten aus wetterfestem Pappmaschee im Schlosspark gestanden haben. Das Geheimnis der Herstellung wurde bis heute nicht gelüftet, der Hüter des Rezeptes der preiswerten Pracht, der Lakai Bachmann, nahm es mit ins Grab. Doch damit der Kuriositäten nicht genug, glaubt man doch plötzlich sich gegenüber der Prinzessin Amalie und anderen Mitgliedern des hohen Hauses zu befinden, so verblüffend naturgetreu sind die Holzfiguren im Raum. Solche Figurentafeln sind eigentlich nur aus Holland und England bekannt, wo man sie als Attrappe gegen Verbrecher oder einfach nur als originellen Kaminschirm aufstellte [Schloss Ludwigslust, Schloßfreiheit, 19288 Ludwigslust, Tel. 03874-571 90, info@schloss-ludwigslust. de, www.schloss-ludwigslust.de. Sommer tgl. 10-18, Führungen Mo-Fr 14, Sa/So 11, 14, 15, Winter Di-So 10-17, Führungen Sa/So 14 Uhr. Erw. € 5, Kinder € 3,50, Familien € 9].

Zu Mönch und Nonnen

Bevor Sie nun den Lennéschen Wegen in den **Schlosspark** folgen, sollten Sie sich im Schloss mit einem Plan ausstatten, denn dieser Garten zählt nicht nur zu den schönsten, sondern mit 120 Hektar auch zu den größten Deutschlands. Schon ein kleiner Spaziergang vorbei am Rasenparterre, dem Karauschenteich, dem Louisenmausoleum und schließlich nach links zur Steinernen Brücke verschafft einen Eindruck von der Kunst des berühmten Landschaftsarchitekten Peter Joseph Lenné. Hier sprudeln der

Im Innern von Schloss Ludwigslust wartet Pappmaschee

einsame Mönch – als Fontäne – und die 24 Nonnen als kleine Wassersprünge im künstlichen Wasserbett. Hinter der Brücke liegt geradewegs das Mausoleum der mit 18 Jahren verstorbenen Gattin Friedrichs, einer Tochter des russischen Zaren Paul I. Nach links an der Insel mit der katholischen Kirche vorbei, deren Turm auf dem Festland steht, gelangen Sie wieder zurück zum Schloss.

Das Expo-Dorf

Machen Sie sich nun auf den Weg in das Dorf **Glaisin**. Zurück über die Schloßstraße und zweimal nach rechts fahren Sie auf der B 105 an der ehemaligen Schlosskirche (Kasten S. 80) vorbei. Nach zehn Kilometern haben Sie den Ort erreicht, der sich allein schon durch hübsche rote Gehöfte auf gepflegten Rasenflächen auszeichnet. Glaisin

Eine schöne Landschaft begleitet Sie an der Elbe bei Dömitz

gewann 1998 eine Goldmedaille im bundesweiten Wettbewerb „Unser Dorf soll schöner werden". Als Teil des Expo-Projekts des Bundes initiierten hier vor allem die Landfrauen Ideen für ein familienfreundliches Dorf. Sie kümmerten sich auch um den Ausbau des 200 Jahre alten **Forsthofes** mit Streuobstwiese und Kulturscheune, Ziehbrunnen und einem Backhaus aus dem für diese Gegend typischen braunschwarzen, porösen Raseneisenstein. Salbei, Rosmarin, Thymian und viele andere Kräuter wachsen im Lehrgarten, der einerseits zum Kennenlernen heimischer Heil- und Küchenkräuter dient, andererseits die mecklenburgischen Gerichte in dem schönen alten Gasthof würzt [Forsthof Glaisin, Gaststätte und Landpension, Lindenstr. 16, 19288 Glaisin, Tel. 038754-205 50, info@forsthof-glaisin.de, www. forsthof-glaisin.de. Tgl. ab 11 Uhr, im Winter in der Woche zwischen 14 und 16 Uhr geschlossen].

Die Festung der Fledermäuse

Das 20 Kilometer entfernte **Dömitz**, direkt an der Elbe, wird vor allem wegen seiner imposanten **Festungsanlage** aus dem 16. Jahrhundert, auf der der niederdeutsche Dichter Fritz Reuter ein Jahr Haft verbüßte, besucht [Festung Dömitz, Auf der Festung, 19303 Dömitz, Tel. 038758-224 01, museum-doemitz@t-online.de, www.festung-doemitz. de. Mai-Anfang Sep Mo-Fr 9-17, Sa/So 10-18, Sep-April Di-So 10-16.30 Uhr. Erw. € 3,50, Kinder (4-14 J.) € 1,50, Familien € 8,50]. Von einer der fünf Bastionen, der Drachen-Bastion, haben Sie den besten Ausblick auf den **Naturpark Mecklenburgisches Elbetal**. Pferdewagenbreite

Naturpark Mecklenburgisches Elbetal

*Der 426 Quadratkilometer große Naturpark zwischen den kleinen Hafenstädtchen Boizenburg im Norden und Dömitz im Süden ist Teil des UNESCO-Biosphärenreservats **Flusslandschaft Elbe**. Hier watet noch der Weißstorch über die Wiesen, am Himmel zieht der Seeadler seine Kreise. Im Herbst schallt laut das Trompeten der Kraniche durch die Lüfte. Hunderttausenden Vögeln dienen die überfluteten Auen, die weiten Felder und Grünflächen zur Winterrast.*

Gänge führen hinab zu den Kasematten, die im Winter Quartier einiger Hundert Fledermäuse sind. Spielend finden sich diese kleinen Säugetiere im Dunkel der Mauern zurecht, die so dick sind, dass oft die Handys versagen. Im Kommandantenhaus der Festung befindet sich über fünf Etagen das Museum zur Festungs- und Stadtgeschichte sowie zur Elbschifffahrt. In der Hauptwache widmet man sich Fritz Reuter. Noch ein Ritt auf den alten Kanonen. Wer dann nicht sofort auf das Fahrrad umsteigen und in den **Naturpark Mecklenburgisches Elbetal** (Kasten oben) radeln will [Fahrradverleih, Friedrich-Franz-Str. 21, 19303 Dömitz, Tel. 038758-225 43, behncke-doemitz@web.de, oder An der Tongrube 13, 19303 Rüterberg, Tel. 038758-228 40 u. -358 19], kann mit dem Schiff über die Elbe schippern [Infos: Dömitz-Information (Kasten

Dorfrepublik Rüterberg

*Etwa fünf Kilometer von Dömitz entfernt liegt direkt an der Elbe das Dorf **Rüterberg**, das sich als Mahnung gegen die Unmenschlichkeit des DDR-Regimes zur Dorfrepublik ernannte. Erst seit 1989 haben die Dorfbewohner wieder Zugang zur Elbe und zum Rest der Welt. Jahrzehntelang war der gesamte Ort mit hohen Grenzanlagen abgeriegelt, der einzige Zugang wurde nachts fest verschlossen, die Bewohner, kontrolliert von bewaffneten Grenzern, durften nur mit Sondererlaubnis Besuch empfangen. Als Erinnerung daran blieben ein Stück vom Grenzzaun und ein Wachturm stehen. Die Geschichte des Ortes ist in der Heimatstube in der Gaststätte Zur Elbklause dokumentiert. Informationen auch über: **Dömitz-Information**, Rathausplatz 1, 19303 Dömitz, Tel. 038758-221 12, tourismus@doemitz.de, www.doemitz.de. Mo 10-16.30, Di-Fr 9-17, Sa 12-16, Mittagspause 11.30-12 Uhr.*

oben) o. Reederei Andreas Heckert, Tel. 0160-440 28 18, www.elbeschiffstouren.de] oder sich noch im Stadtpark etwas Bewegung verschaffen. Hier gibt es einen **Kletterwald** mit wackeligen Hängebrücken, schwebenden Balken, Seilbahnen und Schlingen [Hochseilwald Dömitz, Ludwigsluster Straße, 19303 Dömitz, Tel.

0174-917 30 54, info@hochseilwald.de, www.hochseilwald.de. März-Juni u. Sep/Okt Di-So 10-18, Juli/Aug tgl. 10-18 Uhr. 3 Std.: Erw. € 15, Kinder (müssen sich in das Sicherungsseil in 1,60 Meter Höhe einhängen können) € 10].

Zu den Wanderdünen

Der Weg in das **Naturschutzgebiet Elbtaldünen** führt nach links über den Deich. Am Ende queren Sie rechts die Hafenbrücke und folgen dem Seen-Radwanderweg. Bis nach **Klein Schmölen** sind es etwa vier Kilometer. Im Dorf ist der Weg zu den Wanderdünen ausgeschildert. Ackerveilchen, Hornkraut und Reiherschnabel blühen im Frühjahr, im Juni und Juli färben Mauerpfeffer und Sandthymian sowie Karthäusernelke den Trockenrasen leuchtend gelb bzw. purpurrot. Über diesem Blütenteppich erhebt sich ein 600 Meter breiter, zwei Kilometer langer und bis zu 30 Meter hoher Sandberg, von dessen Scheitel der Wind fegt, der mit dem Sand auf der abgeschirmten Leeseite langsam die mühsam wachsenden Kiefern zudeckt. Doch kommt die Düne nicht mehr wirklich vom Fleck, sodass man inzwischen besser von einer Binnendüne spricht. Ein Dünenlehrpfad führt einmal durch das Naturschutzgebiet. Überraschend ist vor allem der Ausblick über die Löcknitzniederung und die Elbwiesen. Am östlichen Ende der Düne liegen die bei einem Hochwasserdurchbruch 1888 entstandene Brack, ein stilles, dunkles Wasser mit gelben Teichrosen, und ein romantischer Picknickplatz. Hier lässt sich die Tour mit einem deftigen Abendbrot und einer Flasche Apfelsaftschorle gemütlich beenden.

DIE TOLLSTEN ATTRAKTIONEN FÜR KINDER

Zoologischer Garten Rostock

Über 1.700 Tiere in etwa 250 Arten aus aller Welt beherbergt der mit 56 Hektar größte Zoo an der deutschen Ostseeküste. Kinder werden sich für den Streichelzoo mit Zwergziegen und Lamas begeistern. Auch ein Spaziergang mitten durch das Damwildgehege wird ihnen gefallen. Ungewöhnliche Blickwinkel schaffen neue Horizonte, dachte man sich in diesem Zoo. So können Besucher den winzigen Lisztäffchen im Gehege am Südamerika-Haus von einem baumkronenhohen Umgang zusehen und ihr flinkes Spiel aus nächster Nähe beobachten. Besonders spannend wird es für Kinder an den Spielstationen neben den Tiergehegen. Hier können sie hüpfen wie Kängurus, balancieren wie Flamingos und klettern wie Affen. Es geht über einen „magischen Tierpfad" und – von der Quelle bis zur Mündung – über einen „Wasserweg". Tierisch spannend ist das neue DARWINEUM, eine Natur-

Spinne, Schlange & Co.

Auch weniger kuschelige Tiere gibt es im Zoo zu sehen: z. B. Piranhas, aus deren messerscharfen Gebissen die südamerikanischen Indianer Rasiermesser herstellen. Ebenfalls beeindruckend ist der bis zu acht Meter lange Tigerpython, der Beute in der Größe eines Leoparden verschlingen kann. Weniger gefährlich als ihr Ruf ist hingegen die Vogelspinne mit acht Beinen und acht Augen: Das Gift der Riesin unter den Spinnen kann Mäuse, aber keine Menschen töten.

erlebnis- und Wissenswelt auf 20.000 Quadratmetern, in der man Gorillas und Orang-Utans ganz nahe kommt und auch auf Schnabeligel, Axolotl, Seepferdchen und Riesengalagos trifft. Besonders beliebt bei Groß und Klein sind die täglichen Schaufütterungen der Kamele, Wisente oder Pinguine.

Zoologischer Garten Rostock:
Eingänge: Barnstorfer Ring und Trotzenburg, 18059 Rostock, Tel. 0381-208 20, post@zoo-rostock.de, www.zoo-rostock.de. April-Okt 9-19, Nov-März 9-17 Uhr. Erw. € 11,50, Kinder (3-16 J., Schüler) € 6, Hunde € 6.
Anfahrt: mit den Straßenbahnlinien 3 und 6 sowie der Buslinie 28. Der Parkplatz ist ausgewiesen.

Die Eisbären im Rostocker Zoo

Schifffahrtsmuseum Rostock

Haben Sie schon mal ein Schiff von der Kommandobrücke bis hinunter in den Maschinenraum inspiziert? Falls nicht, sollten Sie nach Rostock-Schmarl fahren. Dort liegt der 10.000-Tonnen-Stückgutfrachter, das ehemalige Motorfrachtschiff „Dresden", das von 1956 bis 1957 in der Warnemünder Warnow-Werft, der heutigen Nordic-Yards-Werft, gebaut wurde. Es ist das größte schwimmende Museum Deutschlands. Viele Anlagen wie die Kommandobrücke mit dem Karten- und Funkraum sowie das Hauptdeck mit den Umschlagseinrichtungen sind noch im Original erhalten. Im Maschinenraum hängt der Geruch von Öl und Diesel. Die ständige Ausstellung illustriert u. a. anhand von Modellen, die teilweise von den Kindern in Bewegung gesetzt werden können, die Geschichte des Schiffbaus vom Einbaum bis zum modernen Containerschiff. Da starten Nachwuchskapitäne z. B. selbst eine Art Dieselmotor, experimentieren im ExperiMarium oder bewegen am Miniport funkferngesteuerte Boote und Schiffe. Im Mittelpunkt steht die Entwicklung des Schiffbaus in der DDR. Ein Modell zeigt im Maßstab 1:85 die ehemalige Rostocker Neptunwerft, die 1851 mit dem Bau des ersten eisernen Schraubendampfers die Wirtschaft Rostocks auf Hochtouren brachte. Unter den Themen zur Schifffahrtsgeschichte nimmt das Funkwesen einen besonderen Platz ein. Wussten Sie, dass erst nach dem Untergang der Titanic SOS als Notzeichen international verbindlich wurde?

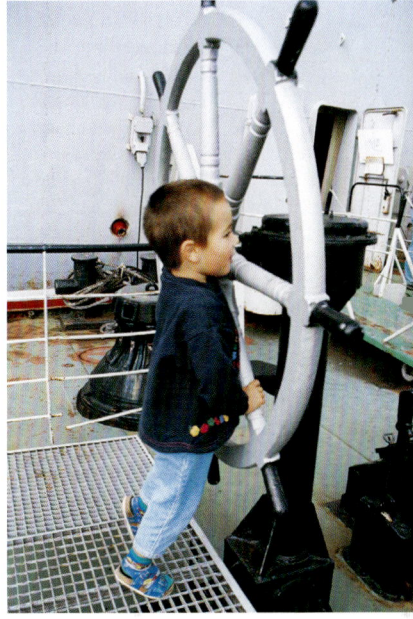

Das Traditionsschiff Typ „Frieden" gibt Einblicke in das Seefahrerleben

Schiffbau- und Schifffahrtsmuseum:
IGA Park, Liegeplatz Schmarl, 18106 Rostock, Tel. 0381-12 83 13 64, schifffahrtsmuseum@iga2003.de, www.schifffahrtsmuseum-rostock.de. April-Juni u. Sep Di-So 9-18, Juli/Aug tgl. 9-18, Okt-März Di-So 10-16 Uhr. Tageskarte IGA-Park und Museum Erw. € 5, Kinder (7-14 J.) € 2,50.
Anfahrt: *im Nordwesten von Rostock zwischen Groß Klein und Schmarl, S-Bahn bis Station Lütten Klein, dann Bus Nr. 31 oder 35.*

Vogelpark Marlow

In der 22 Hektar großen Parkanlage können kleine Ornithologen die bunte Vielfalt der Vogelwelt aller Kontinente erkunden. In den naturnahen Anlagen leben über 150 Arten, vom größten Vogel, dem afrikanischen Strauß, bis zum Zebrafinken. Die bunten Loris fressen sogar aus der Hand (Futter an der Kasse und im Souvenirshop). Im Streichelzoo warten lustige Minischweine, freche Ziegen und kuschelige Kaninchen. Aufregend ist die Greifvogel-Flugshow. Wussten Sie, dass der Seeadler mit einer Flügelspannweite von bis zu 2,50 Metern der größte in Europa brütende Greifvogel ist? Die Känguru-, Alpaka-, Affen-, Eulen- und Pinguinanlagen sind begehbar. Kinder können auf dem Abenteuerspielplatz Baumkronen erklimmen oder das Labyrinth erforschen.

Vogelpark Marlow: Kölzower Chaussee, 18337 Marlow, Tel. 038221-265, info@vogelpark-marlow.de, www.vogelpark-marlow.de. April-Okt tgl. 9-17, Nov-März 10-15 Uhr. Erw. € 10, Kinder € 5, Familien (2 Kinder) € 26, weiteres Kind € 4, Hund € 5, im Winter die Hälfte.
Anfahrt: A 20 bis Abfahrt Sanitz. In Sanitz im Kreisverkehr Ri. Dettmannsdorf-Kölzow, dort links Ri. Marlow.

Erwartungsvoll treffen die Pelikane an der Futterstelle ein

Deutsches Meeresmuseum

In Stralsund liegt ein Stückchen aller sieben Weltmeere in einem alten Kloster. Kühn hat man hier das Meeresmuseum in die Kirche des St.-Katharinen-Klosters platziert. Über drei Etagen stellt sich die wundersame Unterwasserwelt vom possierlichen Seepferdchen bis zum imposanten Hai vor. Beeindruckend ist das 15 Meter lange Skelett eines Finnwals, das unter dem Kreuzgewölbe des Chorraumes hängt. Dabei handelt es sich um ein junges Tier von erst 1.000 Kilogramm, das 1825 an der Westküste Rügens strandete. Wale können noch viel größer werden, der ausgewachsene Blauwal zum Beispiel – so erklärt eine große Tafel – hat ein Gewicht von 32 Elefanten. Am stärksten aber zieht es Kinder vor die Aquarien mit den exotischen Meeresbewohnern. Das 350.000-Liter-Aquarium ist

Das Salz der Meere

Meerwasser ist salzig, das weiß jedes Kind. Doch wie viel Salz ein Kubikmeter Ozeanwasser tatsächlich enthält, macht ein riesiger Salzklumpen in einem rotierenden Glaskubus anschaulich – 35 Kilogramm wiegt der Brocken. Mit dem Salz aus den Ozeanen könnte man das Festland der Erde mit einer 150 Meter dicken Schicht bedecken. Das Wasser im Nordatlantik und in den tropischen Meeren hat einen Salzgehalt von etwa 3,5 Prozent, das der Ostsee nur etwa ein Prozent.

das größte Meeresschildkrötenaquarium Deutschlands. 210.000 Liter Meereswasser füllen weitere 35 Aquarien der Tropen und des Mittelmeeres. Eine Hafenmauer unter Wasser und Korallenriffe erwecken den Eindruck von natürlichem Lebensraum. Besonders spannend sind die Fütterungen der Schildkröten und Haie. Zwischendurch kann man sich im Museumscafé erfrischen oder am Computer sein Wissen über die Ostsee testen.

Deutsches Meeresmuseum: *Katharinenberg 14/20, 18439 Stralsund, Tel. 03831-265 02 10, info@meeresmuseum.de, www.meeresmuseum.de. Mai-Okt tgl. 10-18, Nov-April 10-17 Uhr. Erw. € 7,50, Kinder € 5, Familien (1 Kind) € 17, weiteres Kind € 2.*

Mit 350.000 Litern das größte Meeresschildkrötenaquarium Deutschlands

Ozeaneum Stralsund

Buckelwal und Blauwal, Mantarochen und Mondfische – Norddeutschlands größter Museumsneubau zeigt nicht nur die umfangreichste Ausstellung zur Ostsee im baltischen Raum, auf einer Fläche von rund 8.700 Quadratmetern können Sie auch die Nordsee und das nordatlantische Polarmeer erleben. 40 Aquarien laden ein zu einer Unterwasserreise durch die nördlichen Meere. Im Ostseeaquarium steigt der Besucher direkt in das Stralsunder Hafenbecken. Der Nordsee kommt man in einem Tunnelaquarium ganz nahe. Im Nordatlantikbecken toben Brandung und Gewitter. Vom Gesang der Wale begleitet, wandelt man trockenen Fußes unter den Riesen der Meere, naturgetreue Nachbildungen

wie die eines etwa 27 Meter langen Blauwals. Natürlich gibt es auch echtes Wassergetier. Die geschwungene Panoramascheibe des Schwarmfischbeckens (2,6 Millionen Liter Wasser) simuliert die Unendlichkeit der Meere. Im „Meer für Kinder" schlängeln sich Kids durch eine große Seegraswiese. In der Dauerausstellung zur Erforschung und Nutzung der Meere können sie unter historischen Tauchhelmen den Geschichten des kleinen „Jaques" lauschen. Um 11.30 Uhr beginnt die Pinguinfütterung.

Ozeaneum Stralsund: 18439 Stralsund, Tel. 03831-265 02 10, info@oze aneum.de, www.ozeaneum.de. Tgl. 9.30-19, Juni-Sep 9.30-21, Führung 13 Uhr. Erw. € 14, Kinder (4-18 J.) € 8, Familien (1 Kind) € 31, (2 Kinder) € 34.

„Denk an deine Umwelt und rette das Klima", mahnt der Eisbär im Ozeaneum

Störtebeker Festspiele

Jedes Jahr wird auf der Freilichtbühne von Ralswiek auf Rügen eine neue Story aus dem Leben des sagenhaften Seeräubers Klaus Störtebeker inszeniert. Schon zu Lebzeiten waren Störtebeker und seine Gefährten Legende. Hervorgegangen sind sie aus der Seeräuberbande, die sich um das mecklenburgische Herzogshaus zwischen 1390 und 1395 gegen die dänische Königin scharte. Hier auf der Naturbühne von Ralswiek vermischen sich Wahrheit und Dichtung zu einem Spektakel, bei dem Festungsmauern wanken und Schiffe in Flammen aufgehen. Vor dem Hintergrund des Großen Jasmunder Boddens wird gestritten, geritten, gefochten, was die Geschichte hergibt: ein Theaterstück mit circa 150 Schauspielern, vier Schiffen, 30 Pferden und zahlreichen Licht- und Knalleffekten. Freche Sprüche werden geklopft, Tränen fließen. So werden jeden Abend über 8.000 Leute anderthalb Stunden lang in Atem gehalten. Zum Schluss gibt's ein fulminantes Feuerwerk. Bringen Sie warme Kleidung zum Spektakel mit, oft weht eine kühle Brise.

Störtebekers Abenteuer können jährlich hautnah miterlebt werden

Störtebeker Festspiele (Juni-Sep):
Am Bodden 100, 18528 Ralswiek, Tel. 03838-311 00, info@stoertebeker.de, www.stoertebeker.de. Erw. € 12-30, Kinder (bis 15 J.) € 10-21. Familientarif (ab 5 Pers.) für die hinteren Reihen. Vorprogramm Greifvogelschau: 11 u. 18 Uhr, Erw. € 5, Kinder € 3.
Anfahrt: *Rügendammbrücke, dann B 96, bei RÜG 7 links abbiegen.*

Störtebekers Ende

Nach Friedensschluss zwischen Mecklenburg und Dänemark 1395 wurden die Hansestädte die Geister, die sie einst riefen, nicht mehr los. Die Seeräuber entzogen sich immer mehr dem Einfluss des mecklenburgischen Herzogs und wurden zur Gefahr für die hanseatische Seefahrt.
Aus der Ostsee vertrieben, machten sie bald die Nordsee unsicher. Etwa 1401 wurde Störtebeker gefasst und, wie wenig später auch sein Mitstreiter und Freund Gödecke Michel, auf dem Grasbrook in Hamburg enthauptet.

Die Welt steht Kopf

In Trassenheide steht die Welt auf dem Kopf. Schrank, Sofa und Klobecken hängen an der Decke. Unten ist oben. Blumenvasen, Bilder, Sofakissen widerstehen scheinbar der Erdanziehungskraft. Das Haus steht auf dem Dach, Neigung: sechs Prozent. Das bringt den Gleichgewichtssinn aus der Balance. „Und macht gute Laune", sagt Theo Paul, der gute Hausgeist, der allen Besuchern diese verkehrte Welt erklärt. Daraufhin zückt er seine Rollei-Kamera, um zu zeigen, wie man in dem verrückten Haus die schrägsten Urlaubsfotos macht. Dann „kleben" Mama und Papa an der Decke, Handstand auf einem Finger wird zum Kinderspiel. Seit zwei junge Unternehmer das „Haus-falsch-rum" auf der Insel Usedom erbau-

Ruhig oder rasant?

Im Kinderland Trassenheide geht es mit Karussells, Westernbahn und Schlittenrutschen wild zu. Wer es sanfter möchte, findet die Schmetterlingsfarm gegenüber. **Kinderland**, *Wiesenweg 1, 17449 Trassenheide, Tel. 0160-830 54 08, www.kinderland-usedom.de. März-Okt tgl. 10-18 (Juli/Aug. 10-19) Uhr. Erw. € 4, Kinder € 8, Familien ab € 15.* **Schmetterlingsfarm**, *Wiesenweg 5, Tel. 038371-282 18, www.schmetterlingsfarm. de. März-Okt 10-19, Nov-Feb 10-17 Uhr. Erw. € 8,50, Kinder (6-14 J.) € 6, Familien € 18,50.*

Lustiger Perspektivenwechsel: Im „Haus-falsch-rum" geht es drunter und drüber

en ließen, erfreuen sich Groß und Klein am lustigen Perspektivenwechsel. Jährlich laufen Tausende Urlauber über die Zimmerdecken, unter sich den Dachfirst, über sich den Fußboden. Klaudiusz Gołos und Sebastian Mikiciuk brachten diese ungewöhnliche Idee für das „verrückte" Haus aus Orlando, USA, mit. Weitere Anregungen lieferten illustre Architekturbauten in Polen, Neuseeland und Frankreich. So ist es zwar nicht das erste Haus dieser Art, wohl aber das einzige, das voll funktionstüchtig und komplett eingerichtet ist, mit Stromanschluss, Heizung und Klimaanlage, nur ohne Wasser. Unsichtbar ist das Stahlgerüst, das dem auf dem spitzen Dach stehenden Gebäude selbst bei Sturm Stabilität gibt. Das verdrehte Haus, nahe Europas größter **Schmetterlingsfarm** und dem

Freizeitpark Kinderland (beides Kasten links), ist sicher eines der amüsantesten Ausflugsziele im Land. Lustiger Perspektivenwechsel auch draußen: Rings um das Haus kann man sich bedeutende Bauwerke Mecklenburg-Vorpommerns im Miniformat ansehen, so zum Beispiel das Schloss Ueckermünde (Kasten S. 99).

Die Welt steht Kopf: Wiesenweg 2, 17449 Trassenheide, Tel. 038371-263 44, info@weltstehtkopf.de, www.weltstehtkopf.de. April-Okt 10-18, Nov-März 10-16 Uhr. Erw. € 7, Kinder € 6, Familien (1 Kind) € 16, (2 Kinder) € 20.
Anfahrt: in Wolgast über die Peene, nächste Ampel Richtung Peenemünde. Vor dem Bahnhof Trassenheide rechts in das Gewerbegebiet abbiegen.

Das Pahlhuus

Nur wer alle Sinne für die Natur öffnet, kann sie auch begreifen, dachten sich die Hausherren des Pahlhuus, Naturschützer, die in diesem Haus Wissenswertes über die Natur im Allgemeinen und das UNESCO-Biosphärenreservat Schaalsee im Besonderen zusammengetragen haben. Sie vermitteln ihr Naturwissen auf sinnliche Art, etwa indem sie die Besucher scheinbar über berstende Eisschollen im Gletscher der letzten Eiszeit laufen lassen: Wer die im Fußboden versteckten Sensoren mit seinem Tritt aktiviert, löst das Knirschen und Krachen des eiszeitlichen Gestaltvorganges aus.

Was geschieht, wenn der Mensch zu sehr in den Lauf der Natur eingreift, demonstriert eine Wasserinstallation, bei der Sie beispielsweise selbst Flüsse begradigen und eindeichen oder Moore und Wiesen entwässern können, bis das kleine Modelldorf im Hochwasser versinkt. Das Pahlhuus beherbergt eine interaktive Ausstellung zum Anschauen, Fühlen und Experimentieren, die für Geschichte, Schönheit und Probleme der Region sensibilisieren will. Dabei brauchen Sie keine langweiligen Lehrtafeln zu fürchten. Die Texte haben Witz und sind vorwiegend so präsentiert, dass auch Kinder sie gern lesen. Videos und Computer liefern ebenfalls Informationen.

See-Pferd-Tour

Die Naturschützer ließen sich eine Tour einfallen, auf der Sie in fünf Stunden abwechslungsreich die Schaalseeregion erleben können. Sie beginnt beim Bootsanleger an der Schaalseefischerei und führt über Norddeutschlands tiefsten See (71 Meter). Nach einer anschließenden Wanderung durch das Kalkflachmoor geht es per Kremser durch die urwüchsige Landschaft zum Pahlhuus. Die Tour endet in einem mecklenburgischen Gasthaus. **Anmeldungen bei Kapitän Klaus Kuntoff**, *Heegenring 14, 19246 Zarrentin am Schaalsee, Tel. 038851-253 11 u. 0172-887 43 26, kuntoffk@aol.com, www.see-pferd-tour.de. Erw. € 29, Kinder (bis 8 J.) € 15.*

Über das Moor

Geschärften Sinnes können Sie durch das Moor unterhalb des Pahlhuus wandern. Ein 800 Meter langer Bohlenweg überbrückt eine fremdartige Landschaft. Der Lehrpfad ist mit Informationstafeln bestückt, das Pahlhuus bietet an jedem ersten Sonntag von April bis November eine Führung durch das Kalkflachmoor an. Auf dem Ökomarkt mit kostenlosem Kinderprogramm kann man von 10 bis 17 Uhr Produkte aus der Region kaufen. Jeden ersten Mittwoch im Monat spielt um 15.30 Uhr das Puppentheater.

Pahlhuus: Wittenburger Chaussee 13, 19246 Zarrentin, Tel. 038851-30 20, post@afbr-schaalsee.mvnet.de, www.schaalsee.de. März-Okt Di-So 9-17, Nov-Feb Sa/So 10-16 Uhr. Eintritt frei, Spenden willkommen. **Anfahrt:** *über die A 24 Hamburg–Schwerin bis Ausfahrt 10 Richtung Wittenburg/Hagenow-Kietz, rechts abbiegen auf L 4 Richtung Zarrentin.*

Mit dem Kanu auf dem Kleinseengebiet

Von Granzow aus lassen sich gut die rund 380 Seen des mecklenburgischen Kleinseengebiets erkunden. Mitten durch ein Seerosenparadies, weite Flächen weiß und gelb blühender Wasserpflanzen, führt eine vierstündige Kanutour, die in stabilen Mannschaftsbooten bis an den Rand des Müritz-Nationalparks geht. Geleitet wird sie von einem Nationalpark-Ranger, der beim Picknick am Ufer spannende Geschichten erzählt. In der herrlichen Wasserlandschaft, in der noch Seeadler, Fischotter und Biber heimisch sind, können Sie unterschiedliche Touren buchen: allein oder in Gruppen, für ein paar Stunden oder tageweise. Empfehlenswert für Familien sind z. B. die naturkundliche Kanutour oder eine kombinierte Kanu-Schiff-Tour. Etwas ältere Kinder und Jugendliche sind begeistert, wenn sie einen ganzen Tag lang die Erwachsenen im eigenen Kinder-kajak begleiten dürfen.

Kanus in allen Variationen

Zwei Kilometer südlich der Kanustation Granzow, auf der anderen Seite des Sees, liegt eine weitere Verleihstation in Mirow. Auch hier werden u. a. familienfreund-liche Kanadier von Drei- bis Zwölfsitzern und Kinderkajaks verliehen. Eine Badestel-le, die sich nur ganz allmählich vertieft, ist idealer Paddel-Übungsort. Für lange Touren sind die Kanus mit Seesäcken, auf Wunsch auch mit Zelten und Kocher ausgestattet. Nur Schlafsack und Proviant muss jeder selbst mitbringen. Wer sich nicht allein auf die Seen traut, kann an einer siebentägigen Gemeinschaftstour teilnehmen. Vorteil dieser Gruppen-fahrten ist außerdem, dass viele Familien sie buchen und Sie deshalb garantiert Spielgefährten für Ihre Kinder finden.

Kanustation Granzow: Am Bade-strand, 17252 Granzow, Tel. 039833-218 00, info@kanustation-granzow. de, www.kanustation-granzow.de. Anfang April-Ende Okt tgl. 9-19 Uhr. Preisbeispiele: 3er-Kanadier € 29/Tag, 2er-Wanderkajak € 35/Tag, auch Stunden- oder Wochenpreise (siehe Homepage).

Kanustation Mirow: mit Camping-platz, An der Clön 1, 17252 Mirow, Tel. 039833-220 98, info@kanustation.de, www.kanustation.de. April-Okt tgl. 9-19 Uhr. Preisbeispiele: 3er-Kanadier € 30/Tag, 5er-Kanadier € 45/Tag, geführte Kanutouren (6 Tage): Erw. ab € 275, Kinder (bis 14 J.) ab € 170. Auch Stunden- oder Wochenpreise (siehe Homepage).

Anfahrt: Mirow und Granzow errei-chen Sie über die A 19, Abfahrt Röbel, fahren Sie von dort auf der B 198 in Richtung Neustrelitz bis Mirow. Von hier aus sind die Kanustationen ausgeschildert.

Auf einer Paddeltour entdecken Familien neue Seiten Mecklenburg-Vorpommerns

Ostseetherme Usedom

Ein geplanter Planschtag braucht auf der Insel Usedom selbst an Regentagen nicht ins Wasser zu fallen. Genau an der Ortsgrenze zwischen Heringsdorf und Ahlbeck ragt ein stählernes Gerüst in den Himmel, das ein wenig an den Eiffelturm denken lässt. Es ist der Aussichtsturm eines subtropischen Badeparadieses. Auf 5.000 Quadratmetern wachsen tropische Pflanzen um sechs Badebecken. Der Badespaß bei behaglichen Temperaturen von 30 bis 34 Grad erlaubt selbst den Jüngsten im Babybecken ein ausgedehntes Vergnügen. Je mieser das Wetter, desto größer der Reiz, in die zwei beheizten Außenbecken zu schwimmen. Grottenrutsche, Luftsprudelbad und Massagedüsen sind im zentralen Becken unter dem großen, gläsernen Sonnendach vereint. Hier rauscht der Wasserfall. Im Kinderbecken tobt der Kampf gegen wasserspeiende Reptilien, Affen und Wasserbüffel. Und während Ihr Sprössling mit seinen Freunden herumplanscht, relaxen Sie im römischen Dampfbad, in der finnischen oder in der Biosauna mit Lichttherapie. Baden macht hungrig – dagegen hilft die Saft- und Salatbar der Cafeteria.

Ostseetherme Usedom: Lindenstr. 60, 17419 Ahlbeck, Tel. 038378-27 30, info@drei-kaiserbaeder.de, www.ostseetherme-usedom.de. Mai-Okt Mo-Sa 10-22, So 10-20, Nov-April Mo-Sa 10-21, So 10-20 Uhr. Tageskarte: Erw. € 18, Kinder € 14, Familien € 48. Sauna-Tageskarte (inkl. Badewelt): Erw. € 22, Kinder € 18 (Ermäßigungen jeweils mit Kurkarte und Ostseethermecard).
Anfahrt: *über die A 20 bis Jarmen, Gützkow nach Wolgast in den Westteil der Insel.*

Badespaß auch an Regentagen in der Ostseetherme Usedom

Otto-Lilienthal-Museum

Dem Traum vom Fliegen ist dieses Museum gewidmet. Genauer gesagt, demjenigen, der als einer der Ersten versuchte, den Traum wahr zu machen: Otto Lilienthal. Schon als Zwölfjähriger unternahm der 1848 in Anklam Geborene gemeinsam mit seinem Bruder die ersten Flugversuche. Erst 1891 gelangen ihm mit einem selbst gebauten Hängegleiter die ersten sicheren Gleitflüge der Geschichte. Kinder werden mit Spannung das Video über das Leben Lilienthals verfolgen, angefangen bei den Experimenten des Knaben bis zu seinem Absturz im brandenburgischen Stölln. In der Gleiterhalle des Hauses hängen die filigranen Flugapparate aus Weidenruten und Baumwollstoff, originalgetreu nachgebaut.

Abenteuerliche Flugobjekte

Fliegen oder fallen?

Mithilfe von Simulatoren und mit einfachen Knopfdruckexperimenten gehen Kinder der Frage „Fliegen oder fallen?" nach, ergründen die Schwerkraft und lernen, dass zum Fliegen noch mehr gehört, als nur die Erdanziehung zu überwinden. Lilienthal musste die richtige Wölbung des Flügels finden und die wichtigsten „Motoren" des Segelflugs, die Hangwinde und thermischen Aufwinde einplanen. Wagen Sie einen simulierten Flug, und Sie werden merken, dass es kein besonders einfaches Unterfangen ist, ein Flugzeug zu lenken. Im Erdgeschoss des Museums geht es sanfter zu – mit allerlei Exponaten zum Thema „Traum vom Fliegen". Die fantastischen Objekte, märchenhafte Flugkörper vom fliegenden Teppich bis zur großen Postluftkugel, stammen zum großen Teil vom Szenografen Harald Serowski, der sich als Konstrukteur zahlreicher Fahr- und Flugmobile des Fernseh-Sandmanns einen Namen machte. An der Umgehungsstraße der Stadt lohnt ein Halt auf dem Flugplatz. Dort unterhält das Museum seine Außenstelle „Aeronauticon" mit einem Flugspielplatz und dem Themenpark „Luft".

Otto-Lilienthal-Museum: *Ellbogenstr. 1, 17389 Anklam, Tel. 03971-24 55 00, info@lilienthal-museum.de, www.lilienthal-museum.de. Juni-Sep tgl. 10-17, Nov-April Mi-Fr 11-15.30, So 13-15.30 Uhr, sonst und Schulferien: Di-Fr 10-17, Sa/So 13-17 (im Winter bis 16) Uhr. Erw. € 3,50, Kinder € 2,50.*
Anfahrt: *über die A 20 aus Richtung Berlin bis zur Abfahrt Pasewalk Süd, dann über die B 109 bis zur ersten Ausfahrt Anklam.*

Mit dem richtigen Lockmittel werden auch die scheuen Otter ganz zahm

Tierpark Ueckermünde

In diesem Tierpark sind die Affen los. In einem 45 Meter langen Tunnel durch den Berberaffenwald können Sie mit den putzigen Tieren um die Wette turnen. Im Rest des Parks geht es gemächlicher zu. Da döst unbeweglich das gewöhnliche Hausschwein in Sand und Sonne, auch wenn die Pommerngans in ihrem Gehege noch so laut schnattert. Mit den Vorfahren dieses scheinbar so faulen Schweins wurde 1962 der Ueckermünder Tierpark eröffnet. Der Gründer Waldemar Scholze bekam damals vom Berliner Tierpark Friedrichsfelde einige dieser urigen Tiere geschenkt. Schon bald war Nachwuchs da. Inzwischen gibt es auf dem 18 Hektar großen Tierparkgelände rund 400 Tiere zu sehen. Hundert heimische, aber auch einige exotische Arten aus Afrika, Südamerika und Australien lassen sich dort beobachten.

Graue Gäste

Weißstörche waten über Wiesen, rosarote Flamingos stolzieren im neuen 200 Quadratmeter großen Teich. In der Luft kreisen Graureiher. Die gehören eigentlich gar nicht in den Zoo, sondern haben sich selbst hier angesiedelt. Inzwischen leben viele Brutpaare in den Bäumen im und um den Tierpark. Damit ist eine der größten Graureiherkolonien Norddeutschlands entstanden. Wenn der Pfau auf dem alten Kahn vor der dunklen Bockwindmühle sein Rad schlägt, ist die Kulisse eines alten Pommernmärchens perfekt. Den Tieren ganz nahe kommen können Kinder im Zwergziegen-Streichelzoo. Auch die Kattas in der Lemurensavanne sowie die Mufflons und das Damwild im Hirschgarten dulden grenzfreien Besuch. Die Löwen hingegen leben gut sichtbar hinter Panzerglas (Schaufütterung Sa/So 14 Uhr).

Tierpark Ueckermünde: Chausseestr. 76, 17373 Ueckermünde, Tel. 039771-549 40, info@tierpark-ueckermuende.de, www.tierpark-ueckermuende.de. März-Okt 10-18, Nov-Feb 10-15 Uhr. Erw. € 7, Kinder (3-15 J.) € 3,50, Familien ab € 14,50. **Anfahrt:** A 20, Ausfahrt Pasewalk, über Torgelow nach Ueckermünde.

Ein Pommernschloss

*In Ueckermünde finden Sie die letzte teilweise erhaltene pommersche Herzogresidenz in Deutschland. Im Jahr 1546 im Stil der Renaissance umgebaut, beherbergt das Schloss neben dem Rathaus ein Museum mit Interessantem zu Handwerk, Fischerei, Schiffbau und -fahrt. **Haffmuseum**, Am Rathaus 3, 17373 Ueckermünde, Tel. 039771-284 42, haffmuseum@ueckermuende.de, www.ueckermuende.de. Di-Fr 9-12 u. 13-17 (Mi/Do bis 16, Fr bis 15), Mai-Sep auch Sa 13-16, So 10-12 u. 13-16 Uhr. Erw. € 2,50, Kinder € 1, Familien € 5.*

Das Ukranenland

Wie wäre es mit einem Ausflug in die slawische Vergangenheit? Dorthin versetzt Sie das Ukranenland. Am Ufer der Uecker geht die Zeitreise los. Reetgedeckte Hütten, meckernde Ziegen: Die Illusion vom Sprung in das 9. Jahrhundert ist so stimmungsvoll wie perfekt. Denn nicht nur Block-, Bohlen- und Flechtwandhäuser jener Zeit wurden rekonstruiert, sondern auch das Treiben in Schmiede, Filzerei und Töpferei wird zum Leben erweckt. Da können sich Kinder z. B. unter klingenden Hammerschlägen eine Messerklinge selbst schmieden. Einfacher ist allerdings das Formen von Tonperlen oder die Herstellung von Filz, wozu man nur viel Wasser, Kernseife und Schafwolle braucht. Beim Schnitzen des eigenen Holzlöffels muss man schon mehr auf der Hut sein. Jede Menge Spaß bringen all diese Aktionen nicht zuletzt deshalb, weil sie nur für größere Kindergruppen organisiert werden. Da in den Sommerferien fast täglich genügend Knirpse hier sind, ist die Chance groß, dass auch Ihr Sprössling nach Art der Slawen werkeln kann. Oder haben Sie Lust auf eine Slawenschiffstour? Gemeinsam mit fünf Gleichgesinnten können Sie auf der Uecker in See stechen. Rudern müssen Sie dabei allerdings selbst. Ältere Kinder haben Spaß an archaischen Spielen wie Baumstammweitwurf und Stockboxen, bei dem die Gegner versuchen, sich mit an langen Stangen befestigten, wollegefüllten Säcken von den Holzpodesten zu stoßen. Oder es geht zum Bogenschießen oder Speerwerfen auf den Spielplatz.

Ukranenland: Jatznicker Str. 31, 17358 Torgelow, Tel. 03976-20 23 97, info@ukranenland.de, www.ukranenland.de. Ende April-Ende Okt tgl. 10-17 (Ostern 10-18) Uhr. Erw. € 4, Kinder (3-15 J.) € 2, Familien € 10.
Anfahrt: Torgelow liegt im Nordosten des Landes, Anfahrt über die B 105 oder B 109 über Pasewalk. Das Ukranenland ist gut ausgeschildert.

Slawisches Handwerk zum Mitmachen

Fakten von A bis Z

Anreise per Bahn

Für eine stressfreie und entspannte Fahrt bietet sich die An- und Abreise mit dem Zug an. Fast alle Bundesländer, vor allem aber der Südwesten, sind gut per Bahn mit dem Norden vernetzt. Von vielen Städten aus gibt es Direktverbindungen. Samstags fährt ein IC direkt von Karlsruhe über Ribnitz-Damgarten West ins Ostseebad Binz. Der IC von Koblenz nach Binz fährt sogar täglich und von Sonntag bis Donnerstag kann der ICE Sie ohne Umwege von München nach Stralsund transportieren, immer freitags auch bis ins Ostseebad Binz. Auch Erfurt ist über eine IC-Linie direkt mit Binz verbunden und ein Eurocity fährt täglich von Bad Schandau nach Stralsund. Von Dresden geht's nach Warnemünde, Regional-Express-Züge der Linien 3, 4 und 5 verbinden täglich Berlin mit

verschiedenen Orten an der Ostseeküste. In der Saison fahren an Wochenenden zusätzliche Züge, so der Ostsee-Express nach Stralsund, der Usedom-Express zu den Seebädern auf der Insel Usedom und der Warnemünde-Express nach Warnemünde. Mehr Infos: www.bahn.de/mecklenburg-vorpommern.

Anreise per Flugzeug

Nach Rostock führen Germanwings-Verbindungen von Stuttgart und Köln-Bonn, Helvetic Airways fliegt von Zürich, SkyWork von Bern und Lufthansa von München und Frankfurt a. M. an die Ostsee. Auf die Sonneninsel Usedom fliegt airberlin direkt von Dortmund, Düsseldorf und Stuttgart. Die Gesellschaft OLT verbindet Bremen, Köln-Bonn, Frankfurt a. M., München und Zürich mit Heringsdorf. Mehr Infos: www.FlyMV.de.

Anreise per PKW

Alle größeren Städte in Mecklenburg-Vorpommern sind gut mit dem Auto zu erreichen. Vor allem auf der im Jahr 2005 fertiggestellten A 20, die Mecklenburg-Vorpommern von Lübeck bis zur A 11 an der polnischen Grenze durchquert, kommt man nun flott durchs Land.

Auskunft

Mit Kompetenz und Freundlichkeit begegnet man Ihnen in den meisten Touristenbüros. Es gibt kaum einen Ort, der nicht über ein Fremdenverkehrsamt oder die Kurverwaltung zu erreichen ist. Auch gibt es inzwischen jede Menge Broschüren, mit deren Hilfe Sie sich einen ersten

Beim Urlaub auf dem Bauernhof kommen Kinder den Tieren ganz nahe

Eindruck vom Ort verschaffen, Unterkunftsmöglichkeiten sondieren und sich über spezielle Themen wie Camping, Reiten oder Fahrradtouren informieren können. Zentrale Auskunftsstellen:

Tourismusverband Mecklenburg-Vorpommern: *Platz der Freundschaft 1, 18059 Rostock, Tel. 0381-403 05 00, Tel. 0180-500 02 23 (€ 0,14/Min.), info@auf-nach-mv.de, www.auf-nach-mv.de.*

Regionaler Fremdenverkehrsverband Vorpommern: *Fischstr. 11, 17489 Greifswald, Tel. 03834-89 10, info@vorpommern.de, www.vorpommern.de.*

Tourismusverband Fischland-Darß-Zingst: *Barther Str. 1b, 18314 Löbnitz, Tel. 038324-64 00, info@tv-fdz.de, www.fischland-darss-zingst.de.*

Verband Mecklenburgischer Ostseebäder: *Uferstr. 2, 18211 Ostseebad Nienhagen, Tel. 038203-77 61-0, info@ostseeferien.de, www.ostseeferien.de.*

Tourismuszentrale Rügen: *Markt 25, 18528 Bergen, Tel. 03838-80 77 80, info@ruegen.de, www.ruegen.de.*

Usedom Tourismus: *Waldstr. 1, 17429 Bansin, Tel. 038378-477 10, info@usedom.de, www.usedom.de.*

Tourismusverband Mecklenburg-Schwerin: *Alexandrinenplatz 7, 19288 Ludwigslust, Tel. 03874-66 69 22, info@mecklenburg-schwerin.de, www.mecklenburg-schwerin.de.*

Babysitter

In vielen großen Ferienhotels und -anlagen wird man versuchen, Ihnen auf Wunsch schnell und unkompliziert einen Babysitter zu organisieren.

· Wie die Insel Rügen entstand

Folgende Geschichte erzählt man sich in Mecklenburg-Vorpommern: Als Gott die Welt schuf, stand er am letzten Schöpfungstag beim Sonnenuntergang auf der Insel Bornholm. Noch mit der Maurerkelle in der Hand schaute er übers Meer und die Küste kam ihm ziemlich kahl vor. So nahm er den Rest Erde und schleuderte ihn hinüber. Eine Dreiviertelmeile vor der Küste fiel das Häufchen Erde ins Wasser. Weil die Sonne fast untergegangen war, warf er schnell die letzten Erdkrümel hinterher. Sie fielen dicht neben den großen Erdklumpen und bildeten die Halb- und Nebeninseln. Das sah zwar recht uneben aus, aber Gott sagte: „Feierabend ist Feierabend, darum bleibt es, wie es ist."

Camping

Mit fast 190 Campingplätzen bietet Mecklenburg-Vorpommern viel Platz für diese Urlaubsart. Vom Wohnmobilhafen an der Küste bis zum Campingplatz auf dem Bauernhof gibt es die unterschiedlichsten Varianten. Auf manchen Plätzen, wie an der Wohlenberger Wiek (S. 18), in Graal-Müritz oder in Prerow (S. 26) können Sie dicht an den Dünen übernachten. Bei dem Wasserreichtum des Landes ist ein Campingplatz am Meer oder See leicht zu finden. Mit Unterhaltungsprogrammen hat man sich auf Familien eingestellt. So befriedigend die Ausstattung der Plätze ist, so hoch sind häufig die Preise, die bundesweit an der Spitze liegen.

Fahrrad

Auch wer nicht mit eigenem Drahtesel anreist, kann zweirädrig durch die teils flache, teils hügelige Landschaft rollen. In jeder Stadt und in jedem größeren Badeort gibt es mindestens eine Fahrradverleihstation. Auch Kinderräder werden dort vermietet und – falls Ihr Nachwuchs keine Radtour schafft – Fahrradsitze (Preise/Tag: Erw. ab € 5, Kinder ab € 3,50, Fahrrad mit Kindersitz ab € 6,50). Viele Vermieter haben Räder für ihre Gäste im eigenen Schuppen. Infos zum Fahrradverleih erteilt das örtliche Fremdenverkehrsbüro bzw. die Kurverwaltung.

Mit Fahrrad und Bahn

Das Mecklenburg-Vorpommern-Ticket gilt in Nahverkehrszügen der Deutschen

Laut ADFC gilt Mecklenburg-Vorpommern als beliebteste Radregion

Bahn und kostet € 22 (€ 20 im Internet und am Automaten) für eine Person zzgl. € 3/Person für bis zu vier Mitfahrer. Eltern/Großeltern (max. 2 Erwachsene) können kostenlos beliebig viele eigene Kinder/Enkelkinder bis zu 15 Jahren mitnehmen. Wenn die Züge nicht zu voll sind, kann man für € 4,50 das Fahrrad transportieren. Weitere Infos zu Reisen mit Rad und Bahn unter der Radfahrer-Hotline: 01805-599 66 33 (€ 0,14/Min.).

FKK

Wenigstens diese Freiheit nehm' ich mir, sagten sich einst die DDR-Urlauber und zogen sich auch das letzte Hemd vom Leib. Der nackte Widerstand an den Ostseestränden war stärker als das Verbot der Entblößung aus dem Jahr 1952. So viel Freizügigkeit trieb in den 1990er-Jahren den Wessis die Schamröte ins Gesicht. Die gerade vereinte Nation war wieder gespalten. Schilder mit ausdrücklichem Hinweis auf Textilzwang mehrten sich. Mittlerweile hat sich die Lage jedoch entspannt. In den Badeorten wird entsprechend der Toleranz der Kurverwalter das Nacktbaden unterschiedlich reglementiert. Gelassen sieht man in Ahrenshoop einer Vermischung von Nackedeis und bekleideten Gästen ins Auge. Auch die Gästeschaft selbst scheint toleranter zu sein. So unübersehbar sich die Ostdeutschen das Nacktbaden nicht verbieten lassen, so sicher haben sich nun viele Westdeutsche nackend dazugesellt. Die Nackten sind an der Ostsee also wieder auf dem Vormarsch. Hat ja auch seinen Vorteil, wenn man sich nicht jedes Mal aus den nassen Klamotten pellen muss. Jedenfalls verfügen alle Badeorte über einen ausgewiesenen FKK-Strand.

Klimatabelle: Warnemünde

Im Winter wird die Wassertemperatur nicht gemessen

	Jan	Feb	März	Apr	Mai	Juni	Juli	Aug	Sep	Okt	Nov	Dez
Wassertemperaturen in °C	*	*	*	6	10	15	18	17	15	*	*	*
Lufttemperaturen/Tag (in °C)/Nacht	2 / -2	3 / -1	6 / 1	10 / 4	16 / 8	19 / 12	21 / 14	21 / 14	18 / 11	13 / 7	8 / 3	4 / 0
Sonnenschein (in Std.) täglich	1	2	4	8	8	8	8	7	5	3	2	1
Niederschlag (Tage/Monat)	10	8	10	9	8	9	10	9	9	9	11	11

Klima und Reisezeit

Die meisten Menschen reisen im Juni, Juli und August in den Norden. In dieser Zeit ist Mecklenburg-Vorpommern – mit Regionen bundesweit längster Sonnenscheindauer – ziemlich ausgebucht. Unzählige Besucher genießen das Küsten- und Inselklima, das sich durch reine Luft, viel Sonnenschein und frischen Wind auszeichnet. Die Sommersaison beginnt mit einem freundlichen Juni, wenn sich das kühle Meer allmählich erwärmt. Notorischen Mittelmeerreisenden wird die Ostsee auch dann noch eisige Schauer über den Rücken jagen, denn selbst an heißen Tagen erreicht das Wasser oftmals nicht mehr als 18 Grad. Nach einer kurzen Hitzeperiode erweist sich die Zeit um Siebenschläfer und zwischen dem 10. und 20. Juli als regnerische Phase. Ein Schietwedder, wie die Norddeutschen es nennen, das aber immer wieder auch die Sonne durchgucken lässt. Dieser nassen Periode folgt der wahre Sommer, der bis zu den Hundstagen am 16. August zur Hochform aufläuft. Erfahrene Ostseeurlauber packen auch für diese Zeit einen Pullover, Regenjacke und feste Schuhe ins Gepäck. Kurze heftige Schauer und kühle Winde sind an der Ostsee niemals unmöglich. Das Jahr neigt sich in Mecklenburg-Vorpommern milder dem Ende zu, als es mit dem rauen Frühjahr begann. Viele trauen sich sogar im September, das nach anfänglichem Frühnebel noch viele Sonnenstunden bereithält, bei etwa 15 Grad Wassertemperatur ins Meer. Der November gehört jenen wetterfesten Charakteren, die erst richtig ausspannen können, wenn ihnen die Herbststürme Gischt und Regenwasser ins Gesicht peitschen. In dieser Zeit fallen die Hotelpreise, Parkplätze werden frei und Ruhe zieht ins Land. Dann ist man oft ganz allein am weiten Strand.

Wasser der Erde

Ganz anschaulich zeigt es der große Globus im Stralsunder Meeresmuseum (S. 88): Zu 71 Prozent bedeckt Wasser die Erdoberfläche. 361 Millionen Quadratkilometer Wasserfläche lassen die Erde als blauen Planeten erscheinen. Die Ostsee entpuppt sich dabei mit 420.000 Quadratkilometern als kleinstes der Weltenmeere. Fast eine Pfütze ist sie mit einer Tiefe von durchschnittlich 55 Metern im Vergleich zum größten Meer der Erde, dem 4.280 Meter tiefen Pazifik. Allerdings erreicht auch sie Tiefen bis 459 Meter – beim Pazifik jedoch werden es bis zu 11.034 Meter. Die Ostsee ist ein weitgehend abgeschnittenes Nebenmeer des Atlantiks und hat auch nur 0,007 Prozent von dessen Wasservolumen. Sie ist ein Epikontinentalmeer – ein Meer auf dem Kontinent – mit uralten kristallinen Gesteinen und Ablagerungen der Eiszeit im Untergrund.

Krankenhäuser für Kinder

Hanse-Klinikum Wismar: *Störtebekerstr. 6, 23966 Wismar, Tel. 03841-330, www.damp.de.*
Klinikum der Universität Rostock: *Ernst-Heydemann-Str. 8, 18057 Rostock, Tel. 0381-49 40, www.med.uni-rostock.de.*
Hanse-Klinikum Stralsund: *Große Parower Str. 47-53, 18435 Stralsund, Tel. 03831-350, www.klinikum-stralsund.de.*
KMG Klinikum Güstrow: *Friedrich-Trendelenburg-Allee 1, 18273 Güstrow, Tel. 03843-3 40, www.kmg-kliniken-ag.com.*
Helios Kliniken Schwerin: *Wismarsche Str. 397, 19055 Schwerin, Tel. 0385-52 00, www.helios-kliniken.de.* Weitere Kinderärzte in der Nähe unter www.auf-nach-mv.de.

Kurtaxe

Bereits 1890 zahlten die Gäste des Ostseebades Zingst für ihren Ferienaufenthalt je vier Mark pro Tag. Seeheilbäder, Seebäder und Erholungsorte sind in Mecklenburg-Vorpommern staatlich anerkannte Kurorte. Deshalb werden Sie bei der Anmeldung von Ihrem Quartiergeber oder von der örtlichen Kurverwaltung zur Entrichtung einer Kurabgabe aufgefordert (manche Orte erheben keine Kurtaxe). Etwa € 2 ist der Mittelwert für eine Kurkarte. Damit bekommen Sie in vielen Einrichtungen Rabatt und können an manchen Stellen kostenlos parken.

Medien

In den Wochenendbeilagen von „Ostseezeitung", „Schweriner Volkszeitung" und „Nordkurier" findet man regelmäßig eine Veranstaltungsvorschau für die Woche. Die kostenlosen Ausgaben des Sonntagsblattes „Mecklenburger Blitz" liegen in Restaurants und Hotels aus, in den größeren Städten informieren Stadtmagazine kostenfrei über das Kulturprogramm. Einen monatlichen Überblick gibt der Kulturkalender des Klatschmohn Verlags, den Sie an Kiosken und in etlichen Hotels bekommen.

Öffnungszeiten

Die neue Bäderregelung, nach der die Geschäfte in knapp 100 Badeorten auch sonntags zwischen 11 und 22 Uhr geöffnet haben dürfen, ist noch bis 2015 gültig. Was danach geschieht, weiß der Himmel, denn inzwischen klagt die katholische Kirche vor Gericht gegen die Bäderregelung des Landes.

Tiere

Wenn Sie gern Ihren vierbeinigen Liebling mitnehmen wollen, schauen Sie in die Unterkunftskataloge, hier finden Sie eine zunehmende Auswahl von Vermietern, die Bello gegen einen Aufpreis willkommen heißen. Für Strandspaziergänge mit Hund haben die Kommunen meist am Rand der Orte Hundestrände ausge-wiesen. Entspannter können Sie die Tage genießen, wenn der Sommertrubel vorbei ist. Dann schaut niemand mehr böse, wenn ein nasses, Sand schleuderndes Fellknäuel über die Strände flitzt. Auch in viele Tierparks und Freilichtmuseen können Sie Ihren Hund mitbringen.

Familienfreundliche Unterkünfte

Die Zahl der über 3.000 Hotels und Pensionen lässt oft die Wahl zur Qual werden. Vom Heuhotel bis zur Luxussuite finden Sie fast alles, wonach die urlaubsreife Seele lechzt und was das Portemonnaie hergibt. In einem landesweiten Katalog kann man erfahren, welche Orte Unterkünfte und Ausflugsziele das Prädikat „Familienland MV – geprüfte Ferien-

Anders als „im Westen" muss man für den Strandzugang keine Kurtaxe zahlen

qualität" tragen. Wo ein blauer Fisch mit goldener Krone am Eingang lächelt, sind Familien besonders willkommen. Wir möchten Ihnen im Folgenden eine kleine Auswahl vorstellen. Die Preise gelten, wenn nicht anders angegeben, für einen einwöchigen Aufenthalt für vier Personen in der Hochsaison inkl. Frühstück, Ferienhäuser ohne Verpflegung.

Zwischen Lübeck und Wismar:

Seehotel Großherzog von Mecklenburg

Das vornehme Haus im Ostseebad Boltenhagen (S. 18) ist mit großzügigen Zimmern ausgestattet. Der Strand ist nur wenige Schritte durch einen kleinen Park entfernt. Im Preis inbegriffen sind die Besuche von Schwimmhalle und Sauna. Kinderbetreuung mit Strandspielen, Basteln u. a. wird in der Hauptsaison angeboten. An Regentagen können sich die Kids im Spielzimmer treffen. Eine Kinderkarte gibt's im Restaurant.
Seehotel Großherzog von Mecklenburg: Ostseeallee 1, 23964 Ostseebad Boltenhagen, Tel. 038825-500, info@seehotel-boltenhagen.de, www.seehotel-boltenhagen.de. Preise: ab € 960 für 2 Personen, Kinder (ab 14 J.) € 48/Tag, (12-14 J.) € 30, (7-11 J.) € 20.

Camp Boltenhagen

Ob im Ferienhaus, Mietwohnwagen oder Zelt – auf diesem Campingplatz, etwa 300 Meter vom Strand entfernt, ist man auf Groß und Klein eingestellt. Am schönsten wohnt es sich in den bis zu 73 Quadratmeter großen skandinavischen Ferienhäusern oder in den kuscheligen 39 Quadratmeter großen, tipiförmigen Holzhütten. Von April bis Oktober wird täglich Kinderprogramm geboten: Disco, Stockbrotbacken und Nachtwanderungen sind nur einige Beispiele. Außerdem gibt es einen großen Spiel- und einen Volleyballplatz sowie Minigolf, Fahrradverleih und Gokarts. Und wenn es regnet? Die Ferienhäuser haben TV und CD-Player. Man kann auch in die 350 Quadratmeter große Wellnesslandschaft mit Sauna oder ins Restaurant gehen oder im kleinen Supermarkt shoppen.
Camp Boltenhagen: Ostseeallee 54, 23946 Boltenhagen, Tel. 038825-422 22, boltenhagen@regenbogen-camp. de, www.regenbogen-camp.de. Preise: Ferienhaus ab € 742, im Mietwohnwagen € 441.

Landkreis Bad Doberan:

Familienferiendorf Rerik

Die Ferienhäuser der AWO SANO stehen direkt am Ufer des Salzhaffs (S. 20). Mit Schwimmhalle, Spielzimmer und einem umfangreichen Programm von Basteln und Stockbrotbacken bis Quizspiel hat man sich hier prima auf Kinder eingestellt. Das Spielhaus ermöglicht es Eltern zu unterschiedlichen Zeiten, auch mal allein auf Entdeckungstour zu gehen. Babysitter können individuell bestellt werden. Frische Brötchen bringt der Bäcker aus Stuve. Kinderbetten und Wickelauflagen sind kostenlos. Bei dieser Adresse ist ein öffentlicher Zuschuss für die Urlaubskasse möglich.
Familienferiendorf Rerik: John-Brinkmann-Str. 6c, 18230 Rerik, Tel. 038296-721 12, info@awosano.de, www.awosano.de. Preise: Ferienhaus ab € 555 inkl. Nebenkosten u. Endreinigung, ohne Bettzeug u. Handtücher.

Gutshof Bastorf
Der restaurierte historische Gutshof
in der Nähe von Kühlungsborn birgt
30 gemütliche Ferienwohnungen und
Zimmer. Nach dem Motto „Glückliche
Kinder – entspannte Eltern" findet man
hier für die ganze Familie ein vielfältiges
Beschäftigungs- und Relaxangebot. Während Ihre Kinder gut betreut Drachen
am Strand fliegen lassen, basteln, malen,
auf dem Spielplatz toben, auf Ponys
reiten oder Hasen streicheln, können
Sie es sich in der Sauna, bei Fitness oder
Massagen gut gehen lassen. Aber auch
für gemeinsame Unternehmungen wie
Kanu- oder Kutschausflüge wird gesorgt.
*Gutshof Bastorf: Kühlungsborner
Str. 1, 18230 Bastorf, Tel. 038293-
64 50, info@gutshof-bastorf.de,
www.gutshof-bastorf.de. Preise:
Ferienwohnung ab € 595.*

Fischland-Zingst-Darß:
Pferde-Ferien Hirschburg
Hier können Familien Ferien machen.
2006 wurde der Hof von der Bundesarbeitsgemeinschaft für Urlaub auf dem
Bauernhof zum „Beliebtesten Ferienhof
in Mecklenburg-Vorpommern" gewählt.
Im großen Reiterhof zwischen der Stadt
Ribnitz-Damgarten und der Halbinsel
Fischland-Darß-Zingst wohnen Sie in
Ferienhäusern oder Ferienwohnungen.
Für jeden wird das passende Pferd vom
braven Pony bis hin zum Reitpferd ausgesucht. Kinder finden immer Spielgefährten, mit denen sie auf dem Spielplatz
und in der Spielscheune toben oder
im kleinen Tiergehege Kaninchen und
Meerschweinchen streicheln können.
Die nächsten Strände, bequem mit dem
Fahrrad zu erreichen, liegen sieben Kilo-

meter entfernt in Graal-Müritz (S. 24)
oder Neuhaus.
*Pferde-Ferien Hirschburg: Hirschburg-
Klockenhagen, 18311 Ribnitz-Damgarten, Tel. 03821-878 00, info@
pferdeferien.de, www.pferdeferien.de.
Preise: Ferienwohnung € 525
zzgl. Endreinigung.*

Rügen:
**Familien- und
Gesundheitshotel Villa Sano**
Die „Villa Kunterbunt" mit Rutsche und
Hopsehöhle voller Plastikbälle, mit Minikletterwand und Spielen ist fröhlicher

Wasserspaß in Greifswald
*Die größte Attraktion – nicht
nur für Kinder – ist wohl die
40 Meter lange Rutsche, die
mit zweieinhalb Windungen
zielsicher direkt ins Schwimmbecken führt. Insgesamt gibt es
1.300 Quadratmeter Wasserfläche! Im Kinderplanschbecken
sitzt ein riesiger Igel, dessen
Stacheln Wasserstrahlen sind.
Sprungbecken und Außenschwimmkanal sind Tummelplatz für schwimmsichere
Kids.* **Freizeitbad Greifswald**,
*Pappelallee 3, 17489 Greifswald,
Tel. 03834-53 27 11,
freizeitbad@sw-greifswald.de,
www.sw-greifswald.de.
Mo 12-21, Di-So 10-21 Uhr.
Tageskarte: Erw. Mo-Fr
€ 7,70, Sa/So € 8,50, Kinder € 5,60/6,40, Familien
€ 18,60/21.*

Treffpunkt des an Baabes Flaniermeile erbauten 3-Sterne-Superior-Hotels. Es gibt auch einen Kicker- und Tischtennistisch. Individuelle Angebote, auch bei der Betreuung behinderter Kinder, und unendlicher Langmut sind die Stärke dieses familiären Hauses. Kleine Räume macht die Betreuerin mit viel Herz für Kinder groß. Keine Lust zu malen? Machen wir eben ein Bild aus Sand. Oder gehen wir an den etwa 400 Meter entfernten Strand, Burgen bauen.

Familien- und Gesundheitshotel Villa Sano: Strandstr. 12-14, 18586 Baabe, Tel. 038303-126 60, www.villasano. de, baabe@villasano.de. Preise: Familiensuite/HP: Erw. € 89/Tag, Kinder (ab 16 J.) € 49, (12-15 J.) € 25, (7-11 J.) € 21. Tiefgarage € 8/Tag.

Jasmar Resort Rügen

Im Zentrum der Hotelanlage mitten auf der Halbinsel Jasmund steht das alte Gutshaus mit Restaurant. Die meisten Zimmer liegen in den beiden zweigeschossigen Hoteltrakten. Ringsum nichts als Landschaft – viel Auslauf für Kinder, die man hier auch bestens im Kinderland Villa Kunterbunt unterhält. Auf dem Programm stehen Piratennachmittage und Puppentheater, Reiterhof und Schwimmkurse. Viel Spaß verheißt das warme Erlebnisbecken der hoteleigenen Jasmar-Therme mit Sprudelliegen, Schwallduschen und einer 80 Meter langen Rutsche. Für die Kleinsten gibt es ein separates Kinderbecken.

Jasmar Resort Rügen: Neddesitz, 18551 Sagard, Tel. 038302-95, info@jasmar. de, www.jasmar.de. Preise: Apartment ohne Frühstück ab € 1.050 inkl. Therme und Kinderclub.

Insel Usedom:

Travel Charme Hotel Bansin

Die beiden Häuser stehen am westlichen Ende Bansins, zwischen Strand und Wald. Nur ein paar Schritte über die schmale Strandpromenade – schon ist man am Meer. Die insgesamt hundert Zimmer (auch Familienzimmer und Familiensuiten) sind im komfortablen, mediterranen Stil eingerichtet. Auf Kinder hat man sich mit kostenfreien Extras wie Buggy, Babyphone, Hochstuhl, Wickelunterlage, Badewanne, Töpfchen, Windeleimer sowie Flaschen- und Kostwärmer eingestellt. Babysitter auf Anmeldung ab € 12/Stunde. Kinder ab 2 Jahren sind im Käpt'n-Sharky-Kinderclub (9-13 und 14-18 bzw. in den Ferien bis 21 Uhr) gut aufgehoben. Zudem gibt es ein Spielzimmer, in dem die ganz Kleinen zusammen mit ihren Eltern spielen können. Das Käpt'n-Sharky-Kinderrestaurant punktet mit Kinderbuffet und das Kinderwellnessangebot mit Schokomassage und Nutellamaske mit Smarties.

Travel Charme Hotel Bansin: Bergstr. 30, 17429 Bansin, Tel. 038378-80 00, info@travelcharme.com, www.travelcharme.com. Preise: Familienzimmer ab € 770, HP für Erw. € 24, Kinder (ab 7 J.) € 12.

Stolper Hof

Die Schafe heißen Hänsel und Gretel. Sie und die Sau Arabella werden nie in den Kochtopf kommen. Auf dem Hof im Usedomer Hinterland wohnen auch eine Kuh, Ziegen, Gänse, Hühner, Hunde und Katzen. Die Gäste schlafen in Kammern ohne Fernseher, zumeist auf Naturlatexmatratzen in Alkovenbetten. Der Stolper Hof auf Usedom ist ein tier-,

Auf dem schnellsten Weg ins Wasser und die Unterkunft ist gleich nebenan

kinder- und allergikerfreundliches Haus. Immer mittwochs ist Hoftag – da kann jeder Hausgast kostenfrei beim Spinnen, Körbeflechten, Brotbacken, Filzen oder anderen traditionellen Arbeiten mitmachen. Der Kindertag (ab 3 J.) gibt den Eltern die Möglichkeit, auch einmal den eigenen Interessen nachzugehen.
Stolper Hof: Ausbau 1, 17406 Stolpe, Tel. 038372-710 81, stolperhof@ t-online.de, www.stolperhof.de. Preise: 2 Erw. ab € 840, Kinder (12-18 J.) 80 Prozent, (6-12 J.) 50 Prozent, (2-6 J.) 30 Prozent des Erwachsenenpreises.

Casa Familia Usedom

Bis zu 160 Mädchen und Jungen tummeln sich in der Ferienzeit in dem Haus, das sich Familienferienstätte nennt. Das barrierefreie Gebäude ist auch beliebtes Ziel für Großeltern und Enkel. Auf jeder Etage sind Spielzimmer, eine Fläschchenküche und Wickelräume eingerichtet. Abwechslung für die Kleinen, bei professioneller Betreuung, gibt es reichlich in der Spielscheune. Teenies können sich mit Dart, Kicker, Poolbillard und Tischtennis im eigenen Bereich austoben. Zudem gibt es ein täglich wechselndes Freizeitangebot, ob Backen, Klettern oder Chillen am Lagerfeuer. Einige der 186 Zimmer in dem großzügigen Neubau sind für Gäste mit Haustieren bestimmt. Nur etwa 100 Meter sind es bis zum barrierefreien Strandzugang, und sollte es mal regnen: Direkt vor der Tür liegt die Bernsteintherme.
Casa Familia Usedom: Dünenstr. 45, 17454 Zinnowitz, Tel. 038377-770, info@casafamilia.de, www.casafamilia.de. Preise: bei nachweislich geringem Einkommen, Erholungsbedürftigkeit laut ärztlichem Attest, oder wenn ein Mitglied der Familie schwerbehindert ist, begünstigte Preise. Ausschließlich mit HP (Getränke inkl.), ab € 1.106.

Einkaufen & Mitbringsel

Traditionelles Kunsthandwerk wird hier und da angeboten, und auch die kulinarischen Spezialitäten sind nicht zu verachten. Schöne Mitbringsel sind Produkte aus Sanddorn, Bernsteinschmuck (Kasten) und natürlich selbst gesammelte Muscheln! Auch wo man einkauft, ist in diesem Land spannend. So können Sie in Wismar im Gründungshaus von Karstadt einkaufen. Auch die Ossenreyerstraße in Stralsund ist mit den Nachbauten der Stammhäuser der Kaufhausimperien Kaufhof Warenhaus AG und Wertheim eine Einkaufspassage mit Tradition.

Kreidefelsensalami und pommerscher Apfelbrand

In der Region gibt es zahlreiche Bio-Bauernhöfe, die Interessierten gern einen Einblick in ihre Arbeit geben. So z. B. das **Hofgut Bisdamitz**, ein moderner Bioland-Betrieb, der neben eigenen Produkten wie Käse und Schinken auch Obst, Gemüse und Eier anderer regionaler Erzeuger anbietet. Im Niedrigenergiehaus mit Grasdach kann man die selbst gebackenen Kuchen, Suppen, Salate und deftigen Gerichte vor Ort verspeisen [Dorfstr. 1, 18551 Lohme, Tel. 038302-92 07, info@hofgut-bisdamitz.de, www.hofgut-bisdamitz.de. Tgl. 10-20, im Winter bis 18 Uhr]. Nach alten Rügener Originalrezepten arbeitet die **Landschlachterei in Gademow** [Gademow 6, 18528 Parchtitz, Tel. 03838-25 19 55, info@ruegenfleisch.de, www.ruegen fleisch.de. Mo-Fr 10-18, Sa 10-12.30, Winter Mo-Fr 10-17 Uhr]. Fleischermeister Marcus Bauermann verarbeitet für

Schaumanufaktur für Bernsteinschmuck

Ribnitz-Damgarten ist die Bernsteinstadt (S. 44). Hier gibt es das größte Bernsteinmuseum Deutschlands und eine Schaumanufaktur! Am Eingang begrüßt eine übermannsgroße Säule gefüllt mit Bernsteinen die Besucher. Raten Sie mal, wie viel Kilo da reinpassen! Es sind 125 kg. Auf drei Stockwerken kann man sich über alles Wissenswerte der Schmuckherstellung informieren. Der Rundgang ermöglicht Einblicke in die Werkstätten. Die größte Ausstellung von Bernsteinschmuck in Deutschland (teilweise auch zu erwerben) zeigt wunderschöne Geschmeide. Und danach können Erwachsene und Kinder unter Anleitung selbst Hand anlegen und das selbst gebastelte Schmuckstück anschließend mit nach Hause nehmen. Ostsee-Schmuck, An der Mühle 30, Gewerbegebiet Damgarten, 18311 Ribnitz-Damgarten, Tel. 03821-88 58-0, info@ ostseeschmuck.de, www.ostsee schmuck.de. Mo-Fr 9.30-18, Sa 9.30-16 Uhr. Erw. € 3 (€ 2 werden beim Einkauf verrechnet), Kinder (6-16 J.) € 2 (€ 1 Einkaufsguthaben), Familien € 6 (€ 4 Einkaufsguthaben).

seine Spezialitäten wie Rügener Kreide-felsensalami nur ausgesuchte Rinder, Schafe und Schweine, die den strengen Qualitätsanforderungen der Gourmet-Organisation Slow Food entsprechen. Etwa das Pommersche Landschwein und das Rauwollige Pommersche Landschaf, die im Vergleich zu modernen Rassen langsamer wachsen und besser schmecken sollen. Wer will, kann die Produkte auch im Onlineshop erwerben. Frische Milch und Milchprodukte kaufen Sie am besten im **Hofladen Poseritz** [Molkerei Naturprodukt, Sylvia Rahm-Präger, Hof 15, 18574 Poseritz, Tel. 038307-404 29, post@ruegener-inselfrische.de, www.ruegener-inselfrische.de. Mo-Fr 10-16 Uhr], und Liebhaber edler Brände bekommen in der **Ersten Edeldestillerie auf Rügen in Lieschow** hochprozentige Tropfen aus traditionellen Rügener Obst-sorten [Lieschow 17, 18569 Ummanz, Tel. 038305-553 00, info@1ste-edeldestillerie. de, www.1ste-edeldestillerie.de. Mai-Okt 10-18, sonst Mo-Fr 10-16 Uhr].

Ein ganz besonderer Saft

Ein ganz besonderer Saft ist der Sand-dornsaft. Überall im Norden wächst diese Pflanze wild wuchernd zu hohen Hecken. Der Vitamin-C-Gehalt ihrer sauren Frucht ist bis zu siebenmal höher als der einer Zitrone. Die Ernte ist aller-dings nicht so einfach. Sanddorn wird traditionell „gemolken": Da die Früchte alle einzeln und sehr dicht an den mit Dornen besetzten Zweigen hängen, werden sie alle zusammen ausgequetscht und der Saft aufgefangen. Das ist Hand-arbeit und man braucht dazu sehr dicke Handschuhe. In Ludwigslust wird Sand-dorn seit 1980 gezielt angebaut. Was

vom größten (90 Hektar) und ältesten Sanddornanbaugebiet Deutschlands [www.sanddorn-storchennest.de] kommt, wird z. B. zu Nektar, Gelee, Tee, Bonbons und Likör verarbeitet. Im ganzen Land wird inzwischen auf rund 170 Hektar Sanddorn angebaut, vor allem von Fami-lienbetrieben. Sanddornspezialitäten gibt es auch in der **Darßer Manufructur** [Kargsweg 4, 18375 Wieck a. D., Tel. 038231-42 47, www.darsser-manufructur. de]. Andere Adressen findet man auf der Hofladenkarte, zu bestellen unter www. landurlaub.m-vp.de.

Sanddornernte ist harte Handarbeit

Kunsthandwerk

Läden mit Kunsthandwerk und Köstlichkeiten der Region sind in Mecklenburg-Vorpommern noch immer viel zu selten. Ein Lichtpunkt ist da der Rügenladen am Kap Arkona (S. 62). Hier können Sie die traditionelle blau-weiße Rügenkeramik nicht nur kaufen, sondern auch bei ihrer Herstellung zuschauen. Auch Rügener Kreidefelsensalami oder Biokäse sind zu kosten, frisch geräuchert oder eingelegt, aus Schafs- oder Kuhmilch.

Was gar nichts kostet

Das meiste, was man vom Ostsee-Urlaub mit nach Hause trägt, hat keinen Cent gekostet: z. B. die begehrten Hühnergötter, verwitterte, durchlöcherte Feuersteine. So mancher dieser bizarr geformten Steine macht später Karriere als Briefbeschwerer oder als individueller Kettenanhänger. Jubel wird auch ausbrechen, wenn Sie Ihren ersten versteinerten Seeigel finden, ein hübsches Fossil, das sich gern am Strand zwischen Sassnitz und dem Königsstuhl in Rügener Kreide versteckt. Was Sie in Händen halten – ein grauer runder

In der Schaumanufaktur Ostsee-Schmuck (Kasten S. 112)

Stein mit einer weißen fünfstrahligen Zeichnung – ist die Feuersteinfüllung eines längst verlorenen Seeigelgehäuses. Auf der Unterseite sieht man manchmal noch die Mund- und die Afteröffnung. Begehrte Objekte sind Klappersteine. In ihrem Innern klappert ein von einer runden Feuersteinhülle umgebener Kieselschwamm. Sogar Goldklumpen sind zu finden, leider keine echten. Bei den vermeintlichen Stücken handelt es sich um Katzengold, Schwefelkies, der nach kurzer Zeit zu verblassen beginnt. Und dann sind da die länglichen Donnerkeile, die man einst für die Spitzen der Blitze des germanischen Gottes Donar hielt. Die Wirklichkeit ist aber nicht weniger spannend: Die bräunlichen Dinger sind die versteinerten Fangarme einer ausgestorbenen Kopffüßlerart.

Gold des Meeres

Wer hofft, auch kostenlos zu einem Brocken Bernstein zu kommen, wird fast immer enttäuscht werden. Wenn überhaupt, findet man nur ein winziges, ziemlich unansehnliches Stück. So müssen Sie, wollen Sie ein wenig vom Gold des Meeres mit nach Hause nehmen, wohl doch zu einem Händler gehen. Im Bernsteinmuseum und in der Schaumanufaktur in Ribnitz-Damgarten (Kasten S. 112) können Sie nicht nur schöne Stücke betrachten, sondern sich nach eigenen Vorstellungen ein Stück Bernstein fassen lassen. Schönen Bernsteinschmuck kann man auch in der **Goldschmiede Jürgen Kintzel** in Sellin auf Rügen erstehen [Granitzer Str. 34, 18586 Sellin, Tel. 038303-872 79, www.bernsteinmuseum-sellin.de. Ausstellung: Mo-Fr 10-12 u. 14-17, Sa 10-12 Uhr].

Festkalender

*In der Klosterruine Dargun finden
während der Festspiele Konzerte statt*

Januar:
Leuchtturm in Flammen

Warnemünde begrüßt das neue Jahr mit
einer Inszenierung aus Licht, Feuer und
Lasershow am Leuchtturm.

März/April: Heringswochen
auf Rügen und Usedom

Mit traditionellen und neuen ausgefallenen Gerichten wird das Eintreffen der
großen Heringsschwärme gefeiert.

April/Mai: Walpurgisnacht

In der Nacht zum 1. Mai leben auf der
Burg Penzlin unheimliche Gestalten auf.
Gaukler, Händler und Musikanten verzaubern den Ort, wo tatsächlich Frauen
als Hexen verbrannt wurden. Die Verliese
und Folterkeller aus dem 16. Jahrhundert
existieren noch, ebenso eine mittelalterliche Schwarzküche [Alte Burg, Warener
Chaussee 55 a, 17217 Penzlin, Tel. 03962-
21 04 94, www.penzlin.de. Eintritt frei,
Führung im Burgkeller an diesem Tag
nur € 1]. Am vorletzten Wochenende im
August gibt es mit dem Burgfest noch
ein weiteres Spektakel.

Mai: Schloss-Barockfest
im Park Ludwigslust

Damen und Herren in standesgemäßer
Kleidung versetzen Sie bei diesem Fest
zurück in die glanzvollen Zeiten der
Residenz. Da duellieren sich Kavaliere,
paradieren Soldaten, empfängt die Herzogin zur Audienz. Vorsichtshalber kann
man sich einer Anstandsbelehrung unterziehen. Aufregend ist die Jagd nach dem
Entführer der Mätresse des Herzogs.

Hechtfest

In Teterow steht der Hecht im Mittelpunkt des alljährlichen Festes, denn
Folgendes wird erzählt: Ein Fischer warf
einen Hecht wieder ins Wasser, um ihn
frisch zu halten. Um ihn wiederzufinden,
markierte er die Stelle mit einer Kerbe an
seinem Boot. Diese Geschichte machte
Teterow zum mecklenburgischen Schilda. Die Einwohner bewiesen Humor,
bauten sich den Hechtbrunnen und feiern ihr Fest drumherum jedes Wochenende vor Pfingsten (Tourist-Info Teterow,
Tel. 03996-14 07 40).

Juni bis August:
Tonnenabschlagen

Zentrales Spektakel ist der Versuch
mehrerer Reiter, im vollen Galopp mit
einem Knüppel ein am Seil aufgehängtes
Heringsfass zu zerschlagen (Bild S. 101).
Jedes heruntergefallene Teil wird
mit einer Königswürde belohnt. Das
Tonnenabschlagen hat vor allem auf
der Halbinsel Fischland-Darß-Zingst
Tradition. An der langwierigen Prozedur
nimmt das ganze Dorf Anteil. Früher lief

seine Majestät nach dem Krönungsakt wie um sein Leben zum Tanzsaal, denn alle, die vor ihm dort ankamen, musste er freihalten. Eine Saalrunde ist auch heute fällig: Im folgenden Jahr muss der König der Tonne Musikanten und Reitern ein Mittagessen spendieren – eine teure Würde (Tourismusverband Fischland-Darß-Zingst, Tel. 038324-64 00)!

Juni bis September: Musikfestspiele

Klassik vom Feinsten mit mehr als 100 Konzerten ertönt im Rahmen der Musikfestspiele an den schönsten Orten des Landes, in Kirchen, Schlössern, Parks und Scheunen. Die Urzelle dieses größten Musikfestivals des Landes ist das Renaissanceschloss Ulrichshusen des Freiherrn Helmuth von Maltzahn in der Mecklenburgischen Schweiz (Ticket-Tel. 0385-591 85 85, www.festspiele-mv.de).

Piraten-Open-Air

Auf der Freilichtbühne in Grevesmühlen segelt Joshua Flint jedes Jahr in ein neues Abenteuer. „Die Schatzinsel" von Robert Louis Stevenson stand Pate für dieses Spektakel voller Pyroeffekte und atemberaubender Stunts. Unterhaltsam vermischen sich Dichtung und Wahrheit über das Piratenleben in der Karibik (Tel. 03881-75 69 46, www.piratenopenair theater.de).

Zeesenbootregatta

Die alten, etwa 20 Meter langen Kähne mit auffallend rotbraunen Segeln dienten noch bis vor einigen Jahrzehnten zum Fischfang. Zum Zeitvertreib fuhr man Anfang des 20. Jahrhunderts bei einem Fest in Lauterbach auf Rügen zum ersten Mal um die Wette. Heute zählen Bootsliebhaber und Seebären zu den Bootsbesitzern und treten im Sommer zu Wettfahrten an, u. a. in Dierhagen, Wustrow, Zingst und Barth. Krönender Abschluss ist am dritten Wochenende im September die Fischerregatta in Althagen, mit Hafenfest und Tanz bis Mitternacht.

Juli: Waschzuberrennen

Jährlich quillt Warnemünde über, wenn auf dem Alten Strom diese Gaudi besonderer Art beginnt. Der Wettbewerb ist offen für alle, die ein Gefährt vorweisen können, das kein Schiff ist und sich dennoch über Wasser hält. Auch Showtalent und Zuberdesign zählen (Info-Tel. 0381-499 93 77, www.waschzuberrennen.de).

August: Hanse Sail Rostock

An diesen drei Tagen ist in und um Rostock kein Hotelbett mehr zu haben. Alles, was Segel hat, findet sich hier alljährlich zu einem der weltgrößten Windjammertreffen ein. Mit einer Prachtparade auf der Ostsee bieten Schiffe aller Klassen und aus aller Herren Länder den Zuschauern ein seltenes Bild. Wer mag, kann auf einem der Schiffe anheuern. Zupackende und zahlende Mitfahrer sind willkommen, ob in der Takelage, in der Kombüse oder am Steuer. Drumherum startet eine riesige Party (Tel. 0381-208 52 33, www.hansesail.com).

Kultur aus dem Hut

Eine Woche lang wird Rostocks Innenstadt zum Freilufttheater. Künstler geben zwischen Stadthafen und Kröpeliner Straße Vorstellungen. Marionettenspieler, Akrobaten, Bauchredner, Jongleure, Komödianten und Zauberer treffen sich

Die Hanse Sail in Rostock ist eines der größten Windjammertreffen der Welt

zu einem internationalen Kleinkunstfestival (www.kultur-aus-dem-hut.de).

Drachenbootfest Schwerin

Auf dem Schweriner Pfaffenteich gibt es alljährlich eine Gaudi in langen Booten. Geschmückt liefern sie sich ihre Rennen. Dabei scheint es oft, als würden die Paddler – ungewollt – gegen die Kameraden im eigenen Boot kämpfen (Info-Tel. 0385-760 52 52, www.drachenbootfestival.de).

Oktober: Nationalparklauf

Start und Ziel des Rennens ist die Seebrücke in Prerow. Es geht durch den Nationalpark Vorpommersche Boddenlandschaft. Kinder können beim Bambinilauf über 1.000 Meter mitmachen (Tel. 038233-61 00, www.nationalparklauf.de).

Oktober/November: Kulinarische Wochen

Jagdhörner ertönen, wenn die Usedomer Wildwochen beginnen (www.usedomer-wildwochen.de). In mehr als 30 Restaurants gibt es dann Wildgerichte zu genießen. Diese stehen neben Fisch auch auf der Halbinsel Fischland-Darß-Zingst ganz oben auf der Speisekarte, wenn alljährlich verschiedene Restaurants zum Gourmetfest einladen. Wie wäre es mit geschmorter Roulade vom Darßer Hirschkalb mit Backpflaumensoße, karamellisiertem Weißkohl und Thymianklößen (www.genussreich-mv.de, www.darss.net)?

Dezember: Rostocker Weihnachtsmarkt

Wenn bereits ein 40 Meter hohes Riesenrad die Rostocker Innenstadt überragt, ist der Heilige Abend nicht mehr weit. Auf diesem größten Weihnachtsmarkt des Landes mischen sich Lebkuchen, Kunsthandwerk, Märchenwald, feines Gebäck, Glühwein, Punsch und Räucherfisch zu einem unverkennbar maritimen Vorweihnachtsgefühl.

Flora & Fauna

Am Anfang war das Eis. Bevor die unzähligen Seen, sanften Hügel, schroffen Kreidefelsen und das Meer in seiner heutigen Gestalt entstanden, mussten die Gletscher der Weichseleiszeit weichen. Was dann vor etwa 8.000 Jahren hervorkam, waren Hügelgruppen im flachen Land. Erst 4.000 Jahre später wurden die Erhebungen durch Überflutung zu kleinen Inseln, die in den folgenden Jahrtausenden durch Versandung und Vermoorung zusammenwuchsen. Ganz allmählich spülte das Meer das überschwemmte Land als Dünen wieder an und schuf die für Mecklenburg-Vorpommern so typische Ausgleichsküste. Würde man beispielsweise die schmale Rinne zwischen Rügen und Hiddensee nicht regelmäßig ausbaggern, wären die beiden Inseln längst zusammengewachsen. Das größte Anlandungsgebiet ist der Darßer Ort (S. 26), der Jahr um Jahr zehn Meter nach Nordosten wächst, während die Westküste bei Ahrenshoop immer mehr schrumpft. Hohe, steile Kliffs wechseln mit flachen sandigen Stränden. Tiefe Buchten, Bodden, Inseln und Halbinseln, ins Meer gewachsene Landstreifen, die Haken und Nehrungen, zerlappen den Küstensaum. Mehr als 60 kleine und größere Inseln liegen im Meer. Dünenheiden, Salzwiesen sowie Buchen- und Kiefernwälder umgeben die Ufer. In den Sanddünen wachsen Strandhafer, Strandnelke, Meerkohl, Stranddistel, Wildrose und Sanddorn. Gerade in einstigen Grenz- und Staatsjagdgebieten, wie dem Darßer Ort oder Pramort an der Nordspitze der Halbinsel

Lustiger Vogel?

Lachmöwen erhielten ihren Namen nicht, weil sie besonders albern sind, sondern weil sie auf kleinen Seen und Teichen – auf Lachen – brüten. Es ist die häufigste Möwenart im Ostseeraum. Über 63.000 Brutpaare leben an der Küste – für Umweltschützer schon eine Plage. Die Natur hat die Vögel zu Zauberkünstlern gemacht: Im Sommer unverkennbar durch ihre schokoladenbraune Kopfmaske, bleibt im Winter davon nur noch ein kleiner brauner Fleck übrig.

Fischland-Darß-Zingst (S. 26), erhielt sich ungestört eine urwüchsige Flora und Fauna. So viel erhaltene Natur muss geschützt werden. Einer der letzten Rechtsakte der DDR-Regierung war die Verabschiedung der Schutzverordnung für weite Landschaftsgebiete im Norden. Drei Nationalparks, sechs Naturparks und zwei Biosphärenreservate gibt es heute in Mecklenburg-Vorpommern, dessen Fläche zu 11,7 Prozent unter Naturschutz steht.

Ruf der Wildnis

Bevor der Kranich kommt, kündigt er sich durch lautstarkes Trompeten an, das dank seiner 1,30 Meter langen Luftröhre kilometerweit zu hören ist. Auf allen Kontinenten ranken sich Mythen um den schönen Vogel. Er gilt als Götterbote und Vogel des Glücks. Bis zu 60.000 Kraniche rasten von August bis Ende

Oktober in den flachen Boddengewässern des Nationalparks. Auf den Feldern fressen sie sich Energiereserven an, bevor sie nonstop eine bis zu 2.000 Kilometer lange Reise in die südlichen Winterquartiere antreten. Wenn das Trompeten der Vögel die Herbstluft im sogenannten Rügen-Bock-Bereich erzittern lässt, strömen die Vogelliebhaber zum Aussichtsplatz am Boddendeich südlich von Zingst (S. 29). Es wurden etliche solcher überdachten Utkieks in der Nähe der Schlaf- oder Futterplätze der Kraniche installiert. Denn der Kranich ist scheu, und wer versucht, ihm zu folgen, wird ihn vertreiben.

Seeadler und andere Vögel

Wer auf Pramort, nördlich von Zingst, durchs Fernglas schaut, dem stockt der Atem nicht nur angesichts der Schönheit der Vögel, manchmal sitzt auch ein Seeadler im Visier. Auch Fisch- und Schreiadler gibt es in Mecklenburg-Vorpommern. Hunderttausende von Gänsen, Enten und Schwänen überwintern im Boddengebiet. Viele Inseln sind vornehmlich den Vögeln geweiht: Auf dem Großen Kirr im Barther Bodden, der Insel Langenwerder in der Wismarer Bucht und vielen anderen brüten Möwen und Seeschwalben, Austernfischer, Säbelschnäbler, Kampfläufer und viele andere Arten.

Fischotter

Inzwischen haben auch Fischotter wieder einen festen Platz im Tierbestand des Landes. Auf Usedom und dem Darß werden Sie am Straßenrand oft dem Abbild eines Otters begegnen, im rot gerahmten, dreieckigen Schild „Achtung Otterwechsel!". Lutra lutra (lat.) selbst sieht man

selten – und manchmal eben zu spät, denn er kommt erst in der Dämmerung und des Nachts richtig in Form.

Quallen

Wer hat sie noch nicht gesehen, die fein geäderten Geleeklumpen, die vor allem in Strandnähe herumwabern, wenn zur Hochsaison das Meerwasser reich an Plankton ist? Gemeint ist die Gemeine Ohrenqualle, die kühl und glibberig durchs flache Wasser schwebt und völlig harmlos ist. Kinder reagieren unterschiedlich auf die Wasserbewohner. Manche schütteln sich vor Graus, andere spielen entzückt mit den Tieren. Nur sehr selten trifft man auf eine Feuerqualle, die gelb- oder violettfarbene, bis zu einem Meter lange, nur schlecht sichtbare Nesselfäden hinter sich herzieht. Hautkontakt mit diesen verursacht Verbrennungen, die man auf jeden Fall einem Arzt zeigen sollte. Ob tatsächlich Quallengefahr in Verzug ist, erfährt man am besten direkt vor Ort bei den Rettungsschwimmern.

Bei den jungen Möwen ist das Gefieder noch grau gefärbt

Geschichte

Mecklenburg und Vorpommern haben einen beschwerlichen Weg als arme Fischer- und Bauernländer hinter sich. Glanz verliehen ihnen lediglich die großen Tage der Hanse (Kasten). Lange Jahre war das Land mit der günstigen Lage am Meer begehrtes Streitobjekt von Dänen, Schweden, Brandenburgern und den Truppen des Kaisers. Landteilungen und Verluste bestimmten die Geschichte des Landes. Sein Name heute ist ein politisches Kunstprodukt. Hier wurden zwei Länder verbunden, die historisch wenig gemeinsam haben. Bereits im Jahr 1945 per Bindestrich zum Land Mecklenburg-Vorpommern vereint, verschwand zwei Jahre später auf Befehl der sowjetischen Militäradministration der Begriff Vorpommern von der Fläche des neu verordneten Geschichtsbildes. Der Name Mecklenburg hatte sich trotz der Zerlegung des Landes in die Bezirke Schwerin, Rostock und Neubrandenburg im Jahr 1952 zumindest noch in Landschaftsbegriffen wie Mecklenburgische Seenplatte oder Hotel Mecklenburgischer Hof (der zuvor Pommerscher Hof hieß) erhalten. Als 1990 mit dem Ländereinführungsgesetz das Land Mecklenburg-Vorpommern wiedererstand, geschah dies nicht ohne den Widerstand aus Vorpommern, das lieber zu Brandenburg gehören wollte.

Aus grauer Vorzeit
Lange bevor Mecklenburger und Vorpommern das Land besiedelten, setzten germanische Ackerbauern und Viehzüchter ihre Hütten in den nordischen

> ### Die Hanse
> *Was bedeutet eigentlich das „Hanse" in Hansestadt? Mit dem im 12. Jahrhundert zunehmenden Seehandel auf der Ostsee wurden auch die reiche Beute witternden Piraten immer dreister. Deshalb schlossen sich Schutz suchende Kaufleute zusammen: Im Jahre 1256 kam es zur Unterzeichnung eines Freundschaftsvertrags zwischen den Hansestädten Lübeck, Wismar und Rostock – das war die Geburtsstunde der Hanse. In der Folgezeit schlossen sich immer mehr Städte an und machten das Bündnis zum einflussreichsten in der Handelsgeschichte. Nach der Blütezeit im 14. und 15. Jahrhundert sorgte der Dreißigjährige Krieg (1618-48) für die Zerschlagung des Bundes. Die Ostseestädte Wismar, Rostock, Greifswald und Stralsund nennen sich seit 1990 wieder Hansestädte.*

Sand und hinterließen 5.000 Jahre alte gewaltige Hünengräber (S. 56). Um 375 bis 600 verließen sie im Zuge der Völkerwanderung das Land. Nach ihnen kamen Slawen, ihre Stämme nannten sich Obodriten und Wilzen. Sie sollen schlechte Bauern, aber gute Fischer und noch bessere Seeräuber gewesen sein. Von ihnen blieben die Dorfnamen mit den Endungen -itz, -ow und -in sowie zahlreiche Hügel, die Archäologen später als Reste ihrer Burgen identifizierten.

Anhand weniger Überbleibsel ihrer Flechtwand- und Blockhütten wurde die alte Slawensiedlung in Groß Raden (S. 72) rekonstruiert und das Ukranenland in Torgelow (S. 100) erbaut.

Mecklenburg

Die Burg Mecklenburg im gleichnamigen Dorf – Namensgeber des Landes – war Hauptsitz der Obodriten. Später residierte der Bischof hier, dann kamen die mecklenburgischen Fürsten. Seit dem 10. Jahrhundert wurde in Mecklenburg und Vorpommern kräftig mit Schwert und Kreuz missioniert und kolonisiert. Nach einigem Hickhack gaben sich die slawischen Fürsten geschlagen. Siedler aus Niedersachsen und Westfalen strömten ins Land und mischten sich, mal kriegerisch, mal ganz friedlich mit den Slawen bis zu deren vollständiger Assimilierung. 1170 wurde der Slawenfürst Pribislaw Fürst von Mecklenburg und Stammvater der mecklenburgischen Dynastie, durch seine ungebrochene Herrschaft bis zum Jahr 1918 eines der ältesten deutschen Fürstenhäuser.

Pommerland

So, wie sich Heinrich der Löwe Mecklenburg untertan machte, errang in Pommern Otto von Bamberg einen leichten Sieg über den unsicheren Slawenfürsten Wartislaw I. und zwang ihn 1128, sich zum Christentum zu bekehren. Ende des 12. Jahrhunderts waren ganz Mecklenburg und Vorpommern christianisiert. Am längsten leistete der Stamm der Ranen auf Rügen Widerstand. Ihm gehörten die letzten freien Slawen im Ostseeraum an, bis 1168 ein Feuer ihr religiöses Zentrum am Kap Arkona in

Schutt und Asche versinken ließ. Erst mit dem Tod Wizlaws III. im Jahr 1325 kam Rügen zum Pommerschen und wuchs mit ihm in das Deutsche Reich. Das pommersche Fürstengeschlecht starb mitten im Dreißigjährigen Krieg aus. Überall im Land prügelten sich kriegerische Truppen um den pommerschen Kuchen. Nach dem Dreißigjährigen Krieg war die Zahl der Pommern um zwei Drittel dezimiert. „Pommerland ist abgebrannt ...“ wird seither im Kinderlied gesungen. Zur Ruhe kam das Land erst mit dem Westfälischen Frieden von 1648.

Unter Schweden und Brandenburgern

Pommern bis zur Peene, einschließlich Usedom, gehörte nun den Schweden, der östliche Teil zu Brandenburg. Ein hölzerner Schwedenkopf am Rand des Wismarer Marktplatzes (S. 35) erinnert daran, dass auch Mecklenburg einen Teil an die Schweden verlor. Der Generalgou-

Nur in Badekarren wagten sich die ersten Urlauber einst ins Meer

verneur im Stralsunder Stadtpalais ließ den Mecklenburgern allerdings weitgehend ihre Selbstverwaltung. Als 1720 die Preußen mit den Schweden den Frieden von Stockholm eingingen, fiel auch Usedom unter die straffe Herrschaft der Preußenkönige. Als man 1815 Europa auf dem Wiener Kongress neu verteilte, wurde ganz Pommern zur preußischen Provinz. Die beiden Mecklenburgs hingegen bestimmten als eine Art Freistaat autonom ihre Geschichte, bis man sie im Jahr 1934 vereinte.

Kleine Bädergeschichte

Wie die Perlen an einer Schnur reihen sich an Mecklenburg-Vorpommerns Küste die Badeorte. Ihre Fülle an Bäderarchitektur verweist auf eine lange Geschichte bis in die Anfänge der norddeutschen Bäderkultur. Die begann in Heiligendamm (S. 43). Gerade noch hatte Georg Christoph Lichtenberg die Frage

Baden anno dazumal

Ab in die Badehose und hinein ins kühle Nass – so einfach war das Baden vor 150 Jahren längst nicht. Damals begab man sich in Badekarren in die Fluten: Holzkästen auf zwei Rädern, die von einem Pferd auf einem Karrensteg ein wenig ins Wasser gezogen wurden. Die Badenden stiegen über ein Treppchen ins Wasser und hingen an einem Seil im kühlen Nass. Der Karren diente ihnen dabei nicht nur als Sichtschutz beim Umkleiden, sondern auch als Windschutz.

gestellt, warum denn Deutschland noch kein öffentliches Seebad habe – und er dachte dabei vor allem an die Nordsee, an Cuxhaven oder Rixbüttel –, da stieg Friedrich Franz I. in die Ostsee. Man schrieb das Jahr 1793. Gottlieb Vogel, der Leibarzt des kränkelnden mecklenburgischen Fürsten, hatte in England die heilsame Wirkung des Meerwassers studiert. Natürlich stürzte seine Durchlaucht nicht kopfüber ins Meer. Er schritt im Schutz eines Sonnensegels über ein hölzernes Treppchen seiner Badeschaluppe ins salzige Nass. Schon bald folgte die mecklenburgische feine Gesellschaft dem Badekarren des Landesfürsten, und Heiligendamm wurde zum vornehmsten Seebad des Landes. Zehn Jahre später beförderte ein Stück weiter westlich die fürstliche Familie von Bothmer ein kleines Fischerdorf, das heutige Boltenhagen (S. 18), zum zweitältesten Seebad. Es dauerte nur kurze Zeit, und die Seebäder schossen wie Pilze aus dem Boden. Warnemünde (S. 22) wurde 1815 Rostocks Piräus. Auf Usedom stürmte als Erster Fürst Blücher, alias „Marschall Vorwärts", die pommerschen Fluten. Doch erst als 1816 Fürst Malte aus Putbus (S. 54) den ersten Badeort Rügens machte, war auch in Pommern die Gefahr gebannt, wegen Sittenlosigkeit ins Gefängnis gesperrt zu werden. Berühmt unter all den Seebädern war bald Heringsdorf (S. 31) auf Usedom, das um Gäste vom Feinsten warb. Sogar Kaiser Wilhelm II. logierte hier. Der große Boom aber begann mit der Reichsgründung 1871. In den folgenden 25 Jahren entstanden drei Dutzend Ostseebäder, darunter auch die Künstlerkolonie Ahrenshoop (S. 47).

Sport

Um die Muskeln zu trainieren und den Kreislauf in Schwung zu bringen, bedarf es in diesem Land kaum ausgetüftelter Freizeitanlagen. Bequemes Schuhwerk zum Wandern, ein Fahrrad, ein Pferd oder ein Boot tun es auch. Wer Lust hat zu schwimmen, springt ins Meer oder in einen der unzähligen Seen. Allerdings sollten selbst geübte Schwimmer sich nicht zu weit auf die Ostsee hinauswagen. Leicht wird die Entfernung zum sicheren Ufer unterschätzt. Der Weg zurück wird oft durch die Strömungsverhältnisse erschwert. Natürlich sind dem Badespaß auch wetterbedingte Grenzen gesetzt. Wer nicht zur Zunft der Eisbader zählt, kann sich in insgesamt vierzehn Thermen, Freizeit- und Spaßbädern vergnügen. Auch etliche Hotels verfügen über Swimmingpool und Sauna.

Fischers Fritze

Ob Hering oder Flunder in der Ostsee, ob Hechte und Barsche im Bodden, ob Karpfen und Forellen im See: Mecklenburg-Vorpommerns Fischreichtum ist enorm, und fast jedes Gewässer eignet sich zum Angeln. Nur ohne Schein sollte man seine Angel nicht auswerfen. Der **Touristen-Fischereischein** *für Ostsee- und Binnengewässer kann samt Infobroschüre für 20 Euro in Ordnungsämtern, Tourismusbüros, Kurverwaltungen, Anglerserviceunternehmen und auf Campingplätzen erworben werden. Bisher nur für 28 zusammenhängende Tage gültig, lässt er sich seit 2010 auch mehrmals verlängern.*

Tauchen

Hier ein Schiffswrack, dort eine Muschelbank – zugegeben, die vegetationsarme Ostsee ist nicht zu vergleichen mit der bunten Unterwasserwelt des Südens. Dennoch, das Angebot an hiesigen Tauchschulen steigt. Wie in Boltenhagen und Rerik (S. 18, 20) befinden sich an der mecklenburgischen Ostseeküste Tauchschulen oft auf Campingplätzen. Rostock-Warnemünde (S. 22) ist das Zentrum des Tauchsports. Hier werden auch Tauchgänge mit Seehunden angeboten (www.protaucher.de). Tauchen zu Schiffswracks kann man mit der Tauchschule Rostock (www.tauchschule-rostock.de). Für Anfänger sind die Landtauchgänge in Elmenhorst, Börge-rende und Markgrafenheide besonders geeignet. Schnuppertauchkurse gibt es auch auf Usedom (www.green-sea-diver.de). Tauchen lernen können Kinder ab acht Jahren im Plauer See im Hinterland (www.nitrokids.de).

Segeln, Wasserski und Wasserwandern

Im, unter und auf dem Wasser lässt sich in einem der größten zusammenhängenden Wassersportgebiete Mitteleuropas viel erleben. Die Küstenregion mit den Haff- und Boddengewässern ist ideales Segelrevier. Schöne Buchten und moderne Jachthäfen laden zum Ankern ein. Wasserwanderer sind begeistert von den Seen im Hinterland. Hamburger und

Berliner schippern über die **Müritz-Elde-Wasserstraße** bis hin zur Müritz, dem größten See in Norddeutschland. Wie ein silbernes Band zieht sich die 180 Kilometer lange Wasserstraße vorbei an alten Städtchen und beschaulicher Landschaft. In vielen Orten entstanden neue Häfen und Liegeplätze, die auch von größeren Booten problemlos angelaufen werden können. Auch wer kein eigenes Boot hat, kann sich in Mecklenburg-Vorpommern über Wasser halten. Kanus und Faltboote können in allen größeren Orten und auf Campingplätzen geliehen werden. Beliebt sind Einwegtouren, an deren Ziel der Vermieter die Boote abholt. In einigen Orten finden Sie auch **Charter-**

stützpunkte für Motorkajütenkreuzer und **Hausboote** [Informationen zur Müritz-Elde-Wasserstraße über den Tourismusverband Mecklenburg-Schwerin, Tel. 03874-66 69 22, www.mecklenburg-schwerin.de]. Kleine Bootsfans können in wenigen Tagen den Segelschein erwerben. In der Piratenschule in Altefähr auf Rügen kosten 15 Lehrstunden € 145 (Tel. 038306-232 53, www.segelschule-ruegen.de). Auf der Halbinsel Fischland-Darß-Zingst lehrt die Fischländer Segelschule in Wustrow (Tel. 038220-663 65) für € 220 in 18 Stunden (5 Tage) in Optimistenjollen die Kunst der Wenden und Halsen. Ganz in der Nähe, kurz vor Ribnitz-Damgarten auf dem Bernsteinsee, kön-

Pferdefreunde finden in fast jedem Dorf die Gelegenheit zu einem Ausritt